アクティブラーニング・ブームのその先へ

「未来を語る高校」が生き残る

村松 灯 + 渡邉 優子 編著
中原 淳 監修
日本教育研究イノベーションセンター 編集協力

はじめに——監修者からのご挨拶

まずは、高校教育を「見える化」するところからはじめよう。
「地に足をつけて集めた数字と事例」をもって、新たな学びのあり方を、世に問おう。
現場を「ゲンナリ」させるのではなく「希望をもってもらえる研究」を為そう。

今から4年前の2015年——東京大学大学総合教育研究センター教育課程・方法開発部門中原淳研究室*と日本教育研究イノベーションセンター（河合塾グループ）は、日本全国の高校で授業をなさっている先生方を支援させていただくプロジェクトとして「高等学校におけるアクティブラーニング型授業を推進するための高大連携プロジェクト」（通称：マナビラボ・プロジェクト）を立ち上げました。

マナビラボ・プロジェクトは、

1. 日本全国の高校のアクティブラーニングの実態を「見える化」するべく、モニタリング調査を行わせていただくこと

2. アクティブラーニングの視点に立った高校の先進的な授業実践事例を収集し、多くの人々に知っていただく機会をつくりだすこと

3. それらをＷｅｂ、書籍、報告書などのメディアを用いて世に広く問い、アクティブ・ラーナーの育成に貢献すること

を願い、幾人かの「志ある若手研究者」の献身的な努力に支えられながら4年間、様々な現場を訪問し、様々な事例を収集してきました。その知見は、『アクティブ・ラーナーを育てる高校――アクティブ・ラーニングの実態と最新実践事例』（中原淳＋日本教育研究イノベーションセンター編著、学事出版）、『ひとはもともとアクティブ・ラーナー！――未来を育てる高校の授業づくり』（山辺恵理子・木村充・中原淳編著、北大路書房）の2冊にまとめられてきました。また、Ｗｅｂには数十万件を超えるアクセスをいただき、多くの教育現場に、様々な知見を届けてきました。

このたび、書籍第3弾として『「未来を語る高校」が生き残る――アクティブラーニング・ブームのその先へ』を上梓できることを、監修者としてとても嬉しく思います。本書では①高校教育が今、いかなる転換期にあるのかを論じたうえで、②これまで3年間にわたって行われてきたアクティブラーニングに関する全国調査の知見を概観し、③専門家の対談や議論、そして現場の教育事例を見つめ、④アクティブラーニング・ブームのさらに「その先」を構想しています。タイトルにもある通り、そこでキーワードとなるのは「未来を語る」ということです。高校教育を取り巻く状況が大きく変わろうとしている今日、長期的な視点に立って、学校のあり方を考えていくことが求められています。これから社会はどのように変化していくか。そのなかで、高校はどのように変わっていくことができるのか。それぞれの学校で、未来を見すえた対話が欠かせません。そして、先生方の間に生まれる対話こそが、高校の未来を形づくっていくのでしょう。

本書は、これまで4年間の本プロジェクトの集大成となる書籍です。これまで上梓してきた2冊の書籍同様、多くの教育現場の皆様にお読みいただけるとしたら、監修者として望外の幸せです。

私はいつも、現場の研究員、大学院生たちに繰り返している言葉があります。

現場を変えることができるのは、フロントラインで奮闘なさっている現場の先生方です。
間違っても「研究者」ではありません。
これをゆめゆめ、間違ってはいけません。

そして

現場の先生方を奮い立たせるのは、政策でもなければ、研究でもありません。
それは「明日への実践」に向かうための「一筋の希望」であり、その先にある「子どもたちへの思い」です。

本プロジェクトの4年間の研究知見が、現場で奮闘する先生方にとって「一筋の希望」となることを願っています。

中原　淳（立教大学 経営学部 教授）

＊2015年当時、東京大学大学総合教育研究センター教育課程・方法開発部門中原淳研究室。2018年4月より、立教大学経営学部に移籍。本書では、原則として「中原淳研究室」と表記する。

目次

第Ⅱ部　全国調査から見えてきた授業改善のこれまでと今

＊本書では、文部科学省等の文書の引用以外、原則「アクティブラーニング」と中黒なしの表記を使用する。また、「AL」と表記する場合がある。

大転換期の高校教育

プロローグ

少子高齢化社会――現代の日本社会を「人口」という切り口から見たときの診断である。それは、学校の側からすれば単純に、学校に入学してくる子どもの総数が減る、ということだ。そして、子どもの数が減るということは、これまた単純に、これまでと同じ数の学校は必要なくなる、ということだ。つまり、いまや学校は、選ばれなければ消える。加えて、学校が選ばれるときの尺度が、偏差値といった一つの尺度ではなくなっていることもポイントだ。それぞれの学校は、自校での学びの魅力や特色を、偏差値以外の尺度でも設定し、そこでの学びの質を保証する必要性に迫られていると言える。こうした流れは、近年の政策動向からも読み取ることができる。

　アクティブラーニングは、中央教育審議会の諮問や答申のなかで取り上げられて以来、高校の現場に動揺を与えてきたが、次期学習指導要領のなかに明記されることはなかった。そのため、もしかしたら、アクティブラーニングはちょっと前のお祭り騒ぎくらいに記憶されているのかもしれない。しかし思い返せば、「アクティブ・ラーニング」は、「学びの質や深まりを重視する必要」性から提起されたものであり、高校が、学びの質と正面から改めて向き合うきっかけであったと言える。

　アクティブラーニングは、一過性のブームとして過ぎ去っていくのかもしれないが、たとえそうであっても、「アクティブラーニングを通して、学びの質とどのように向き合ったのか」、「アクティブラーニングから何を得たのか」を顧みることは重要なことであり、ここには、選ばれる、言い換えるなら、生き残るヒントが隠されていると考えられる。

第Ⅰ部では、生き残る高校とは、アクティブラーニング・ブームから〈何か〉をつかみとった学校である、という仮説を提示している。結論を先取りするなら、その〈何か〉とは「未来を語る」ことの必要性と重要性だと思われる。社会の変化が激しく確実な未来などない今、私たちはどのような未来に向かい、どのような未来を描いていけるのか、対話が不可欠となっている。アクティブラーニングは、そうした状況にしっくりくるものとして注目されたと言える。とはいえ、まずは、アクティブラーニングが高校教育に与えたインパクトと動揺の意味、つまり、

アクティブラーニング・ブームとは何だったのか？

を問うてみよう。このことは、次の問いに取り組むことにつながるはずだ。

アクティブラーニング・ブームを超えて、生き残る高校とはどのような学校か？

第1章　高校教育をとりまく今日的状況

高大接続改革の〈うねり〉

高校では今、未曾有の大改革が進行中である。

その大改革の中心には、文部科学省の掲げる「高大接続改革」がある。２０１２（平成24）年8月の中央教育審議会諮問「大学入学者選抜の改善をはじめとする高等学校教育と大学教育の円滑な接続と連携の強化のための方策について」以降、文部科学省は高大接続改革の方針や取り組みについて審議を重ねてきた。

そして今、高大接続改革は、学習指導要領や大学入試といった具体的な制度・システムの改革をともなって、高校の現場に大きな変化をもたらそうとしている（資料1）。

高大接続改革とは、高校教育・大学入学者選抜・大学教育を連続的に捉え、一体的に改革しようとするものである。

２０１４年12月の中央教育審議会答申「新しい時代にふさわしい高大接続の実現に向けた高等学校教育、大学教育、大学入学者選抜の一体的改革について」では、高校教育、大学教育を通じて育むべき「生きる力」が「豊かな人間性」、「健康・体力」、「確かな学力」によって構成されていることが確認された。そのうえで、とりわけ「確かな学力」については、「社会で自立して活動していくために必要な力」という観点から捉え直しが行われた。そこでは、「確かな学力」が3つの要素に分けられ、「学力の3要素」として示されている。

「学力の3要素」は、①知識・技能の確実な習得、②（①を基にした）思

資料１「高大接続改革」の必要性

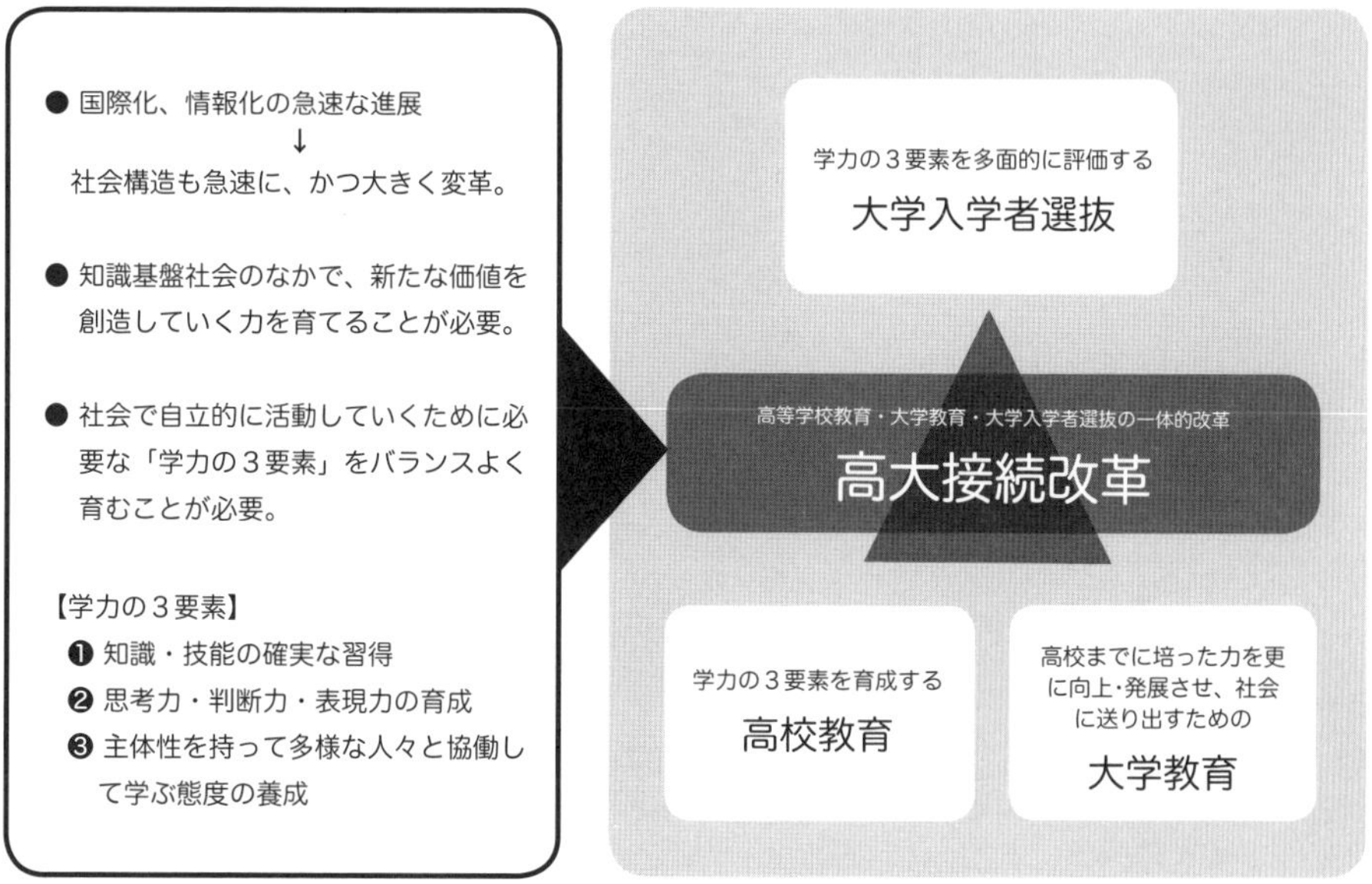

（文部科学省「高大接続改革とは」http://www.mext.go.jp/a_menu/koutou/koudai/index.htm　をもとに作成）

考力・判断力・表現力などの能力の育成、③（②を基にした）主体性を持って多様な人々と協働して学ぶ態度の養成、と整理することができる。

高大接続改革は、この「学力の3要素」を軸として高大の接続を捉えている。

つまり、高校・大学入試・大学には、「学力の3要素」を軸として、それぞれに果たすべき役割が割り当てられている。

たとえば、高校は「学力の3要素」の育成を担う場であり、大学入試では「学力の3要素」が多面的に評価され、大学では高校までに育成された「学力の3要素」をベースにそれを発展ないし向上させる、というように。

高大接続改革を通して「学力の3要素」を確実に育成し、評価していく必要性が強調されていることがわかる。

こうした高大接続改革の必要性について、文部科学省は「グローバル化の進展、技術革新、国内における生産年齢人口の急減などに伴い、予見の困難な時代のなかで新たな価値を創造していく力を育てることが必要とされてい」る、という現状認識を根拠に説明している。

高大接続改革は、教育業界だけの問題としてではなく、もっと広い視野をもって捉えられる必要がありそうだ。

高大接続改革の背景に目を向けてみよう。

「高大接続改革」の社会・経済的背景

一言でいえば、高大接続改革の背景には、社会・経済的な危機感がある。

文部科学省が、現状を「グローバル化の進展、技術革新、国内における生産年齢人口の急減などに伴い、予見の困難な時代のなかで新たな価値を創造していく力を育てることが必要とされてい」る、と認識しているように、今日の日本社会は、たとえば、少子高齢化社会、グローバル化社会、情報化社会などと言い表すことができる。

少子高齢化、情報化、グローバル化といった変化が、私たちの日々の生活や生き方に少なからぬ変化をもたらしつつあることは間違いない。

(1)少子高齢化×グローバル化×情報化

実際に、少子高齢化が進み、国内の市場規模が縮小している日本は、海外市場の開拓に取り組んできた。鉄道や発電所といったインフラの整備などに携わる人のなかには、世界中を飛び回り、諸外国の人々と関わりながら、仕事をし、生活をしている人もいる。このような市場の拡大にともなう海外で働く日本人の増加、さらには、諸外国を訪問する日本人の増加という意味でのアウトバウンドによるグローバル化は、ここ数十年の間に着実に進んできたといえる。

注目すべきは、アウトバウンドによるグローバル化に加え、近年では、日本国内におけるインバウンドによるグローバル化が目覚ましい勢いで進んでいることだ。

資料2からは、ここ20年の間、出国日本人数は多少の増減があるとはいえ、ほぼ横ばいで推移しているのに対して、訪日外客数はおよそ6倍にまで膨れ上がっていることがわかる。近年における訪日外国人の急増は、これまで外国人と交流する機会がなかった人でも、日本にいながら世界を相手に、仕事をし、生活をしていくことが、身近に、あるいは、当たり前となりつつあることを意味している。

また、訪日外国人といっても、それは観光客ばかりではない。資料3からは、日本における外国人労働者

資料2　年別訪日外客数、出国日本人数の推移

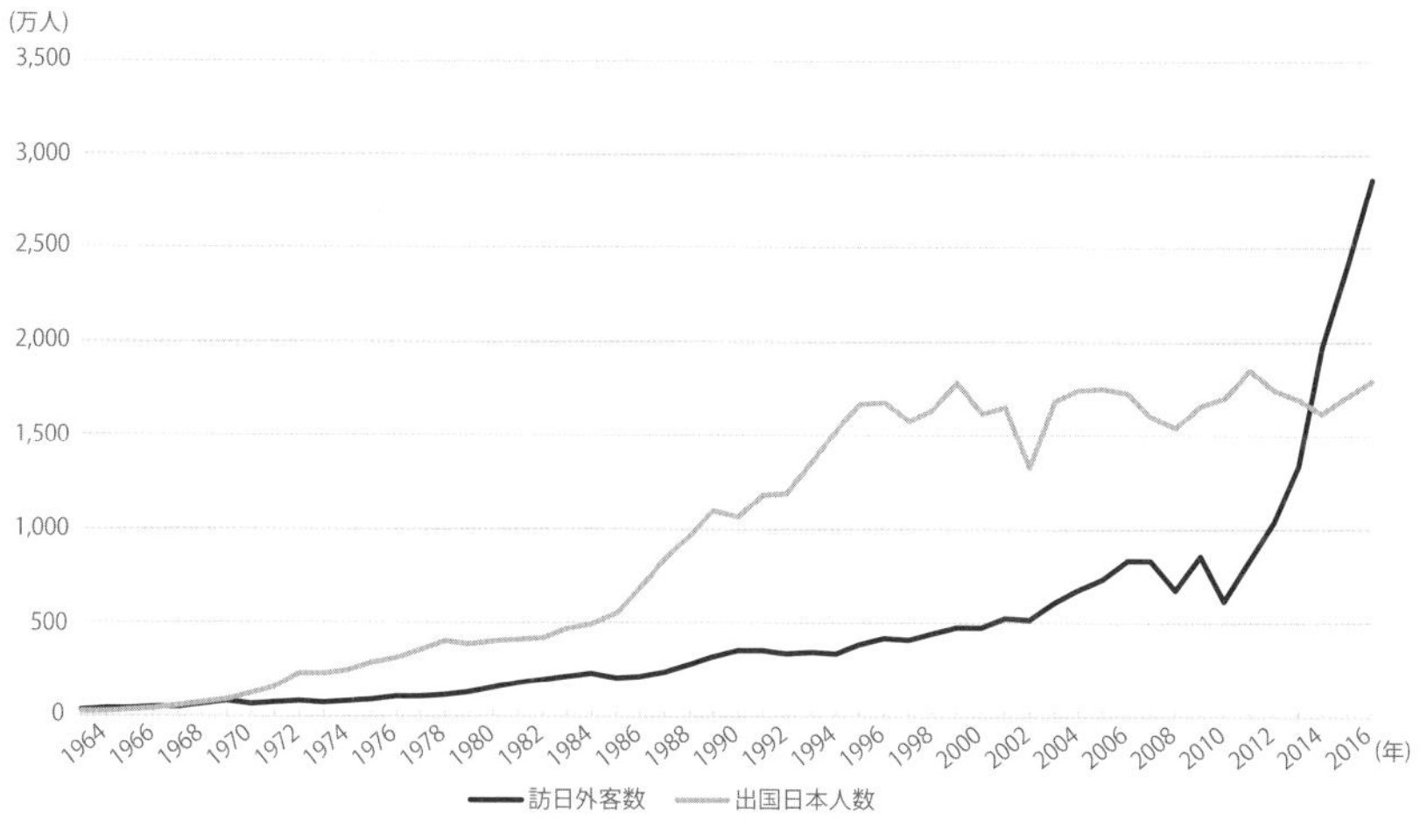

(日本政府観光局「年別訪日外客数、出国日本人数の推移」https://www.jnto.go.jp/jpn/statistics/marketingdata_outbound.pdf をもとに作成)

資料3　日本における外国人労働者数の推移

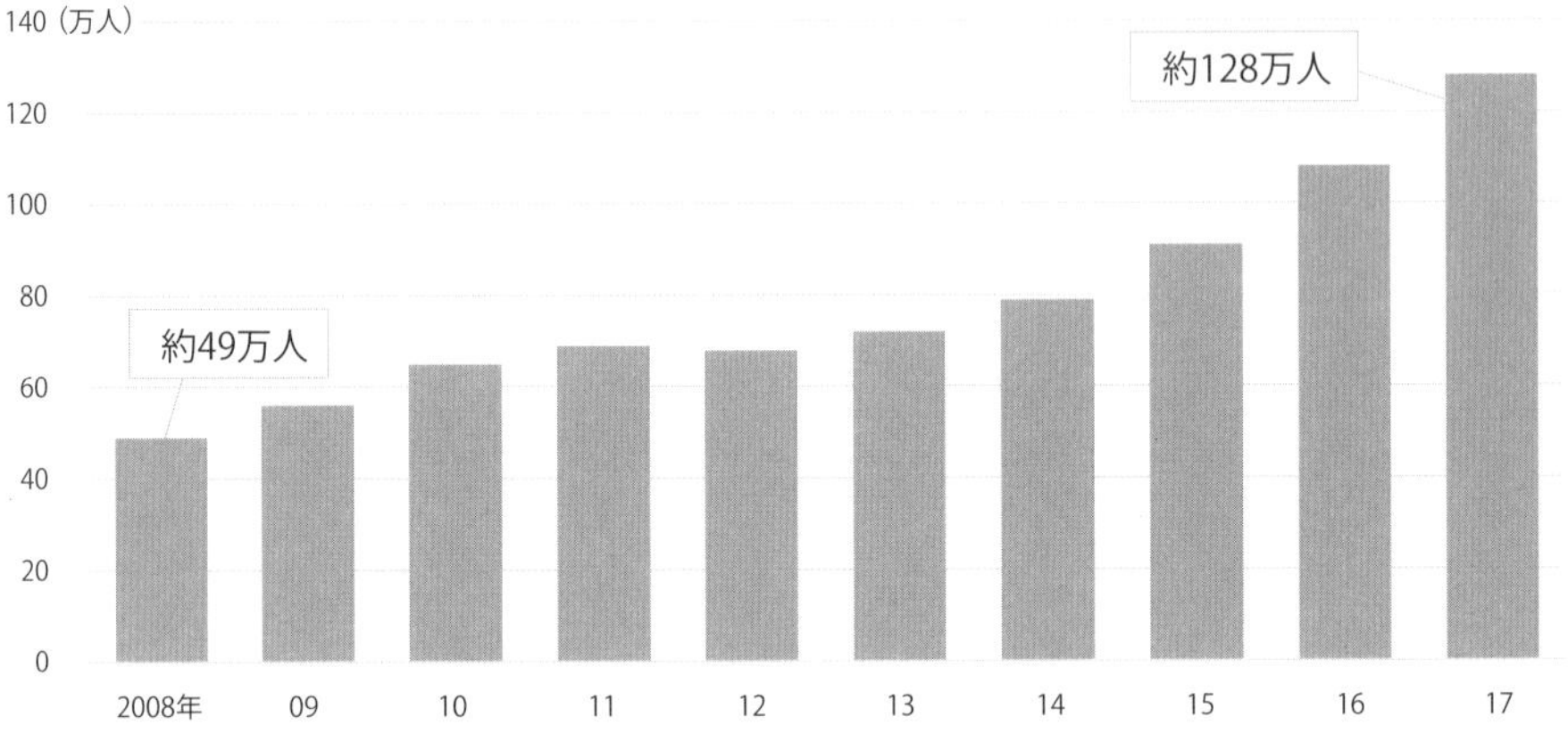

（内閣府「外国人労働力について」資料4（2018年2月）をもとに作成）

数が、約10年前に比べると、およそ2・6倍になっていることがわかる。少子高齢化の影響で、圧倒的な労働力不足に直面している日本では、外国人労働者の存在に少なからぬ期待が寄せられている。実際、外国人労働者の受け入れ拡大に向け、国会では関連法案の整備が進められている。

外国人労働者の存在に加え、少子高齢化による圧倒的な労働力不足の解決に向けた他の切り札としては、省力化のための情報システムの導入などが検討されてきた。たとえば、情報通信業はもちろん、学術研究を含む専門・技術サービス業、小売業、製造業、卸売業などでは、情報システムを導入すること、すなわち、作業プロセスの一部を情報化することによって、業務量の調整および業務負担の軽減が図られている。

労働環境におけるシステムの導入に限らず、情報化の進展は、インターネットやスマートフォンの普及といった身近なところにも見ることができるだろう。そこでは、情報の収集や発信が以前に比べ、かなり容易になっている。その一方で、生活のあらゆる場面で、個々人のレベルで情報を適切に活用できることが求められている。

近年、内閣府は情報化社会の先を見すえ、「Society 5.0」を提唱した。内閣府によれば、「Society 5.0」とは「サイバー空間（仮想空間）とフィジカル空間（現実空間）を高度に融合させたシステムにより、経済発展と社会的課題の解決を両立する、人間中心の社会」であり、「狩猟社会（Society 1.0）、農耕社会（Society 2.0）、工業社会（Society 3.0）、情報社会（Society 4.0）に続く、新たな社会を指すもの」である。そこでは、情報化社会において個々人の情報活用能力の問題とされていたことはもはや問題とされていない。なぜなら、「IoT（Internet of Things）で全ての人とモノがつながり、様々な知識や情報が共有され、今までにない新たな価値を生み出すこと」が可能になるからだ。それは、情報を核として、科学技術を最大限に活用することで、すべての国民が豊かさを享受できる社会として提示されている。

今は「Society 5.0」への過渡期、すなわち「Society 4.0」の真っ只中であるわけだが、こうした政府の描く未来予想図からは、情報がこれからの社会においても重要な位置を占め続けること、もっと言えば、もはや意識化されないレベルで情報化という現象が私たちの生活や生き方に浸透し、当たり前のものになっていくことがうかがえる。

ここでは、少子高齢化、グローバル化、情報化という視点から日本社会の変化と現状について取り上げたにすぎず、日本社会の変化と現状についてはもっと多様な視点から検討することができるだろう。

とはいえ、私たちが、現在進行形で急激な変化を遂げている社会のなかに生きている、ということは疑いえない。こうした社会に生きる以上、私たちには、ある時点や地点で、知識・技能を獲得するだけでなく、獲得した知識・技能を更新していくことが常に求められている。社会の変化とは、産業構造や社会制度などの変化であると同時に、私たちの日常生活や生き方、人生における変化でもある。

(2) 仕事の変化

社会の変化にともない、その社会で必要とされる知識・技能も変化している。

このことを、私たちが、もっとも身に迫ったかたちで理解できるのは仕事そのものの変化を通してだろう。

すでに確認したように、日本社会における、少子高齢化、グローバル化、情報化という変化が、いずれも、仕事を接点としながら、相互に関連し合って展開していることからは、接点となっている仕事そのものにも、大きな変化が生じていることがわかる。

仕事における大きな変化の一つに、作業の自動化・機械化・AI（人工知能）化がある。自動化・機械化・AI化には、情報システムの導入（情報化）による省力化と同様に、労働力不足の問題を部分的に補うことが期待されている。たとえば、製造業では、人に代わってAIが部分的に作業を担うことで、生産プロセスの改善が図られたり、IoTの導入によって最適化が進められたりしていくだろう。

しかし、このことが結果として、これまで当該作業に従事してきた人々の仕事を奪い、その価値を低下させることにつながっていることを見逃してはならない。自動化・機械化・AI化によって担われる作業は、情報化によって担われるものよりも広範なものになるだろう。

今後10年から20年の間に、仕事の自動化・機械化・AI化が進み、結果として、職種は半減する、とまで言われ、なくなる仕事があることが指摘されている。その一方で、創造性・協調性・即興性を必要とする仕事は残り続ける、とも言われている。

とはいえ近年では、こうした見方に対する批判もなされている。そこでは、自動化・機械化・AI化によって、仕事におけるタスクの一部は代替されるものの、職種としての仕事そのものがなくなるわけではないことや、自動化・機械化・AI化の導入によって新たなタスクが生じ、そこでは新たな職種（仕事）における雇用が予想されることなどが示されている。

いずれにせよ、自動化・機械化・AI化が、これまでの仕事のあり様を変えていくことは明らかだ。

仕事そのものの変化は、日本型の雇用環境や雇用システムにも変化を及ぼしつつある。たとえば、業務内容が複雑化し、よりスピード感をもった対応が求められるなかで、終身雇用や年功序列はもはや成り立たなくなりつつあるし、企業内教育にも限界が出てきている。企業はもはや、個々人の仕事、もっと言えば、人生を丸抱えしてはくれない。

これまで個々人の仕事や人生を支えてきた終身雇用、年功序列、企業内教育などのシステムは、予測可能で、ほぼ確実に到来するだろう未来を前提に成立していたと言える。しかし、いまや将来の予測が困難な時代に突入しているのである。

将来の予測が困難な時代の高校

こうした社会・経済的背景、および、仕事の変化は、高校教育にどのような変化をもたらしつつあるのだろう。

かつて学校は、地域において文字通り中心的な位置にあるだけでなく、地域の精神的紐帯でもあった。確かに、学校に対する思いが世代を越えて継承されていることは今日においても少なからず見受けられる。しかし、そうした学校の基盤であった地域そのものが、少子高齢化の影響により衰退ないし崩壊している。

政策レベルではすでに、公立学校の再編整備計画の一環として、統廃合に向けた実態の調査などが進められてきた。小学校や中学校とは違い、義務教育機関ではない高校については、都道府県レベルで、「統廃合の基準の設定」と「高等学校の魅力化に向けた取組の方針」策定が同時に着手され、その成果と課題がまとめられている。

　やや極端な言い方をすれば、将来の予測が困難な時代への突入が予感されて以来、高校は、少子高齢化などの影響による統廃合を免れるために、生き残りを懸けた「魅力化」ないし「特色づくり」に取り組んでいるのである。

　ここまで高大接続改革の〈うねり〉とその背景について確認してきたが、高校の現場からすれば、この改革は、具体的で切実な二つのことを意味している。

　すなわち、一つは、「2020年から導入される新入試制度にどのように対応するか」であり、もう一つは、「2022年から実施される次期学習指導要領にどのように対応するか」である。

　しかし、高大接続改革という制度改革の社会・経済的背景にまで目を向けるならば、私たちは、制度のレベルにとどまらない、高校での学びのあり方や質を問うような抜本的改革が急務とされていることに気づくだろう。

　高校での学びの質を問うことは、格闘となるだろう。この格闘において押さえておくべきポイントは、おそらく次の2つである。

①近視眼的な改革ではなく、社会・経済的状況全体の長期的な変化を見すえた改革を構想する、ということ。

②高校の学びの実態を知るところから改革は着手される、ということ。

　とはいうものの、高校の現場での格闘は、肌感覚的には、次期学習指導要領に向けてのキーワードとして、中央教育審議会の諮問や答申のなかで「アクティブ・ラーニング」に言及されたときからすでに始まっていたのではないだろうか。

プロジェクトの発足

２０１５年４月、東京大学 大学総合教育研究センター 教育課程・方法開発部門 中原淳研究室（２０１８年４月より、立教大学 経営学部に移籍）は、河合塾グループの日本教育研究イノベーションセンター（ＪＣＥＲＩ）と共同で、「高等学校におけるアクティブラーニング型授業を推進するための高大連携プロジェクト」（通称：マナビラボ・プロジェクト）を発足させた。

発足のきっかけは、本プロジェクトの研究代表である中原が、２０１４年11月の中央教育審議会諮問のなかで、次期学習指導要領のあり方として「アクティブ・ラーニング」という言葉が注目されていることを知り、すでに大学のアクティブラーニング調査を実施していた河合塾グループと、中等教育段階でも本格的なアクティブラーニング調査が必要であるという考えに同意したことにある。

企業の人材開発の研究に携わってきた中原流に言えば、将来の予測が困難な時代における「学力の３要素」――①知識・技能の確実な習得、②（①を基にした）思考力・判断力・表現力の育成、③（②を基にした）主体性を持って多様な人々と協働して学ぶ態度の養成――は、次のように翻訳される。

> 将来、仕事の現場で子どもたちが迷走しないように、教育機関では、基礎的概念・知識の蓄積に「加えて」、人とガチでぶつかりながらも課題解決をしていく経験、脳がちぎれるほど考えて物事を生み出す経験を、前

もってしてきていただきたい。（中原 2016: 11、傍線は引用者による）

> 変化の早い社会では、何が解くべき問題かを見定め、多くの人と協力し、彼らをまきこみながら、革新的な知識・技術をつくり上げていくことが、今まで以上に求められます。（中原 2016: 14、傍線は引用者による）

「基礎的概念・知識の蓄積に『加えて』、人とガチでぶつかりながらも課題解決をしていく経験、脳がちぎれるほど考えて物事を生み出す経験」。「何が解くべき問題かを見定め、多くの人と協力し、彼らをまきこみながら、革新的な知識・技術をつくり上げていくこと」。こうした学びを実現するための「器」の一つが、アクティブラーニングであり、アクティブラーニングは「よく働き、よく学び、よく生きるための術」である、と中原は言う（中原 2016: 11,14）。

アクティブラーニングへの向き合い方
——学びを支える組織への注目

本プロジェクトは発足当初から、アクティブラーニングを「教育の手法」「教室における教え方」の問題としてのみ捉えるのではなく、学校そのものがアクティブラーニングを生み出す組織であることに注目してきた。

言い換えるなら、「基礎的概念・知識の蓄積に『加えて』、人とガチでぶつかりながらも課題解決をしていく経験、脳がちぎれるほど考えて物事を生み出す経験」や「何が解くべき問題かを見定め、多くの人と協力し、彼らをまきこみながら、革新的な知識・技術をつくり上げていくこと」に取り組んでいる〈アクティブ・ラーナー〉としての生徒や、そうした生徒の学びを支える〈アクティブ・ラーナー〉としての教師、さらには、そうした個々の教師の活動を組織として下支えしている学校に注目してきた。

つまり、本プロジェクトは一貫して、教育方法論的な立場からだけではなく、組織論的な立場からアクティブラーニングに向き合ってきた。

プロジェクトの3本柱

マナビラボ・プロジェクトの目的は、一言でいえば、実態の見える化である。

中央教育審議会の諮問や答申で「アクティブ・ラーニング」に言及されてからというもの、アクティブラーニングという言葉は一躍脚光を浴び、アクティブラーニング関連の多くの書籍が書店に並んだ。

しかし、アクティブラーニングへの注目度の高さとは裏腹に、アクティブラーニングに関する議論の多くは、共通した土台のない、あるいは、うまく噛み合っていない、という印象を拭えない状況にあった。こうした状況において、必要なことは、行政や学校現場、研究者が立場の違いを乗り越え、「いかに教育をよくできるか」という視点から、エビデンスに基づいた議論を行っていくことであると考えられる。しかし、高校の学びの実態に関するエビデンスは圧倒的に足りない状況であった。この点は今でもあまり変わらない。

「イメージ」できないものは「マネージ」できない。

これは、私たちが一貫して大切にしてきた考え方である。すべては、高校の学びの実態を知ることから始められなければならない。すでに示したように、このことは、高校の現場における格闘のポイントの一つでもある。

本プロジェクトは2015年に発足して以来、4年間にわたり、高校の学びの実態を見える化する、という議論のスタート地点に立つための共通の土台づくりをしてきた。本調査から明らかになったことは、その都度、〈数字〉や〈事例〉というかたちで、〈対話〉の場にひらくことを通して、見える化してきたつもりだ。

(1)〈数字〉による見える化
——全国調査

全国の高校（普通科またはそれに準ずる学科、および総合学科を設置する高校）を対象とした大規模アンケート調査を実施すると同時に、高校におけるアクティブラーニングの実態や課題について整理し、分析する。

日本全体という俯瞰的な視点から、アクティブラーニングの実施状態を把握し、個別の実践やそれぞれの学校の特殊性や特徴を浮き彫りにする。

(2)〈事例〉による見える化
——個別調査

(1)の全国調査では把握しきれない部分の見える化を担うのが個別調査である。全国の高校の先生方が実践している生徒の学びを活性化する工夫について、授業見学・ヒアリング調査を行う。

高校の先進的な授業実践事例を収集し、ノウハウやハウツーだけでなく、授業に込められた思いや教育論に注目することで、それらの背景にあるものを探る。

(3)〈対話〉の場をひらく
——ウェブサイト、イベント、研修

(1)の全国調査や(2)の個別調査を通して明らかになったことは、「未来を育てるマナビラボ——ひとはもともとアクティブ・ラーナー!」と題した特設ウェブサイトで無償公開する(http://manabilab.jp)。

全国調査については「ニッポンのマナビ——いま高校の授業とは!?」のコーナーで、個別調査については「マナビをひらく! 授業のひみつ」のコーナーで主に公開している。その他、ラボ長である中原が教育に熱意のある著名人とこれからの(高校)教育や自分たちの学びの軌跡について対談形式で語る「15歳の未来予想図」や、高校生ライターが自分たちの興味関心の赴くままに、調べたことや得意なことに関して等身大にまとめる「高校生ライターがいく」、アクティブ・ラーナーとしての生徒の学びを応援する学校づくりのコツについて発信する「アクティブ・ラーナーを育てる! 学校づくり」、授業外で活躍している現役高校生たちに、それぞれの学びの軌跡について取材する「超高校生級! 明日をつくるマナビの達人たち」など、幅広いコンテンツを発信している。

また、特設ウェブサイトの他、イベントや研修の開催、書籍の刊行などを通して、蓄積された知見を公開することで、これからの高校のあり方について、高校の先生方、高校生、その保護者の方々、その他の教育関係者の方々が議論していくための場を提供する。

　それでは、こうした活動を通し、私たちなりに高校の格闘を振り返るとき、どのようなことが見えてくるのだろう。

「アクティブ・ラーニング」は終わった?!

　２０１４年11月の中央教育審議会の次期学習指導要領に関する諮問のなかで「アクティブ・ラーニング」という言葉が登場し、翌年の２０１５年８月の「論点整理」では「アクティブ・ラーニング」と「カリキュラム・マネジメント」を連動させることの重要性が指摘された。２０１６年８月の次期学習指導要領に向けた審議のまとめでは、「アクティブ・ラーニング」に代わって「『主体的・対話的で深い学び』の実現」という言葉が前面に出るようになり、「『主体的・対話的で深い学び』の実現（「アクティブ・ラーニング」の視点）」という表記になった。そして、２０１７・２０１８年に告示された次期学習指導要領には、「アクティブ・ラーニング」という言葉は明記されなかった。「アクティブ・ラーニング」という言葉は、次期学習指導要領解説のなかに確認することができる。

　こうした政策の動向をふまえ、高校における学びの実態の見える化を目的とする本プロジェクトの調査・活動の「器」も、アクティブラーニングだけでなく、それと連動するカリキュラム・マネジメントや「主体的・対話的で深い学び」をカバーするものへと進化してきた。

　私たちは、高校の現場が、アクティブラーニング、カリキュラム・マネジメント、「主体的・対話的で深い学び」などで揺れた２０１５年から２０１８年までの４年間を見てきたつもりである。

アクティブラーニング・ブームの後に

　次期学習指導要領から「アクティブ・ラーニング」という言葉が消え、「アクティブ・ラーニング」の内実が「主体的・対話的で深い学び」という言葉のなかに引き継がれたためか、昨今、教育業界のなかには「アクティブラーニング、そんなのあったね…」「そういえば、アクティブラーニング終わったね…」という雰囲気すら漂っているのかもしれない。つまり、アクティブラーニングを一過性のお祭り騒ぎやブームとして捉える見方である。

　このような雰囲気があるのだとすれば、なおさら、私たちは「アクティブラーニング・ブームとは何だったのか?」という問いかけに応答しなければならないと思っている。というのは、第一に、本プロジェクトの歩みが、アクティブラーニングという言葉とともにあったからであり、第二に、本調査からは、将来の予測が困難な時代において高校の現場が、アクティブラーニングという「器」のなかで、もがきながらも、未来に向けて〈何か〉をつかんだ、あるいは、つかみつつあることが明らかにされている、と考えられるからだ。

　とりわけ、後者の観点から述べるならば、アクティブラーニングが高校教育に与えたインパクトと動揺の意味は、アクティブラーニングが高校教育の本質を問うことと結びついていた、ということに求められるだろう。これは、アクティブラーニングがブームを形成するほどの威力を持った理由の一つとしても捉えられる。

　しかしながら、ブームはいつか必ず終焉を迎える。アクティブラーニングを表面的に捉えるならば、アクティブラーニングもおそらくブームで終わってしまう。

　教育業界の一部ではすでに、アクティブラーニングはブームとして総括されつつあるようだが、今重要なことは、アクティブラーニング・ブームの核にあるものに、どこまで迫ることができるかなのではないだろうか。

　また、アクティブラーニングというブームが過ぎ去ったとしても、学校の生き残りという点からすれば、高校は今もなお、格闘の渦中にあるのであり、本質的に状況は変わっていない、ということを忘れてはならないだろう。だからこそ、高校での学びの質を問い直す契機となったアクティブラーニング・ブームの残したものを振り返り、それに向き合うことが、高校教育の「これから」を考えるときのキーになるのである。実際、アクティブラーニングの議論の深まりのなかで、カリキュラム・マネジメントや「主体的・対話的で深い学び」という言葉や概念が提示されてきたことを思い出せば、アクティブラーニング・ブームの残したものを振り返ることなしに、カリキュラム・マネジメントや、「主体的・対話的で深い学び」を的確に理解していくことは難しいと考える。すなわち、「これから」に向けた、着実な一歩をふみ出すためにも次のように問わなければならない。

アクティブラーニング・ブームとは何だったのか?

私たちは、暫定的にアクティブラーニング・ブームは「高校教育のあり方自体が問われる改革の動き」であった、と応答したい。

「高校教育のあり方自体が問われる改革の動き」の内実——たとえば、「アクティブ・ラーニング」という言葉が消えつつある今、アクティブラーニング・ブームのその先に向けて、高校教育はこれからどのように変容していくべきか。アクティブラーニングから、高校教育はどのような示唆を得られたのか。アクティブラーニングをめぐって、高校の現場では具体的にどのようなことが問われたのか、あるいは、今でも問われ続けているのか。実際、アクティブラーニングは高校の現場にどのような影響を与えたのか、あるいは、与えなかったのか。——これらについては、第Ⅱ部以降で〈数字〉、〈対話〉、〈事例〉を通して見ていくこととしたい。

矢継ぎ早に課題が提示され、それぞれへの迅速な対応が求められている高校の現場には、アクティブラーニング・ブームについて振り返る時間や余裕は残されていないのかもしれない。

しかし、これまでの4年間、調査にご理解・ご協力をいただいた高校の先生方に、アクティブラーニング・ブームを振り返るこの本を通し、マナビラボ・プロジェクトの成果をお返しすることで、高校教育の未来を応援したいと考えている。

本書の構成

最後にこの本の構成を示そう。

ここまでの第Ⅰ部では「大転換期の高校教育」と題し、高校教育を取り巻く今日的状況、本プロジェクトの概要、私たちなりの改革動向の振り返り、について示した。

第Ⅱ部では、〈数字〉という切り口から、高校の学びの実態を把握することを試みたい。本プロジェクトの全国調査の結果をもとに、改革に向けて、噛み合った議論を進めていくための、共通の土台を確認しよう。

第Ⅲ部では、〈対話〉と〈事例〉という切り口から、「高校教育のこれから」を把握することを試みる。

第1章では「高校教育に求められるものとは」と題し、まず、3名の研究者、安彦忠彦先生（神奈川大学）、田中義郎先生（桜美林大学）、溝上慎一先生（桐蔭学園）による鼎談形式の〈対話〉を取り上げている。研究者による〈対話〉のなかで重要性が示唆された「これから」の学校のあり方を体現している〈事例〉として、京都市立西京高等学校エンタープライジング科と愛媛県立長浜高等学校水族館部の先進的な取り組みを紹介する。

第2章では「ひらかれた学びが未来をひらく」と題し、3名の高校教員、大畑方人先生（東京都立高島高等学校）、殿垣哲也先生（兵庫県立東播工業高等学校）、宮崎芳史先生（新潟県立佐渡中等教育学校）による鼎談形式の〈対話〉を取り上げたうえで、それぞれの先生の授業実践を〈事例〉として紹介する。

「高校教育のこれから」について の〈対話〉を通して、「アクティブラーニングが提起するものとは何か？」に対する、研究者、高校教員それぞれの応答を見てみよう。また、本プロジェクトによる個別調査・事例収集の成果のなかから、具体的な〈事例〉を提示することによって、高校の現場における応答のリアルを提示したい。

第Ⅳ部では、第Ⅰ部で示した「アクティブラーニング・ブームとは何だったのか？」に対する暫定的なアンサー「高校教育のあり方自体が問われる改革の動き」の内実について、第Ⅰ部から第Ⅲ部までの内容をまとめる。そのうえで、よりメタなレベルから「アクティブラーニング・ブームを超えて、生き残る高校とはどのような学校か？」について、私たちなりに考えたことを、この問いに対して先生方と一緒に応答していくための一つの足がかりとして提示する。

　以上を通して、本書を、高校のアクティブラーニングの議論にとどまることなく、これからの高校について先生方とともに考えをめぐらせ、来る２０３０年、２０４０年の高校像ひいては学校像を探っていくための最初の一歩として世に送り出したい。

【参考文献】
中原淳、ＪＣＥＲＩ編著（２０１６）『アクティブ・ラーナーを育てる高校』学事出版

II

全国調査から見えてきた授業改善のこれまでと今

プロローグ

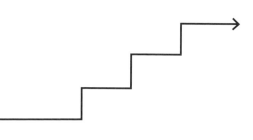

「イメージできないものは、マネージできない」。第Ⅰ部で触れたように、マナビラボ・プロジェクトでは、一貫してこの考え方を大切にしてきた。第Ⅱ部では、「高等学校におけるアクティブラーニングの視点に立った参加型授業に関する実態調査」（以下、全国調査）の結果をもとに高校での学びの実態を明らかにしていく。

よりよい高校教育（目的地）に向けて着実に歩みを進めていくためには、まずは、私たちはどこにいるのか（現在地）を知る必要がある。実態を知ることなしに、よりよい未来に向けてどのような目標を設定し、どのようなプロセスでそれを達成していくのかについて、明確なビジョンを持つことは不可能だからである。また、実態を知ることは、アクティブラーニングという言葉が広まる以前からなされてきた魅力的な実践や、教師たちの間で明示的・暗黙的に継承されてきた授業改善のノウハウを「再発見」し、それらに学ぶことにつながっていく。

〈数字〉それ自体は、何も語らない。しかし、私たちが〈数字〉を囲み、その意味をめぐって対話をひらくとき、高校教育の今についてのイメージを確かなものとして共有できるようになるだろう。

第Ⅱ部の目的はまさにこの点にある。

ただし、ここで取り上げるのは、調査により明らかになった知見の一部である。全国調査の詳細については、特設ウェブサイト（http://manabilab.jp）で公開されている報告書をご参照いただきたい。

全国調査の概要

全国調査は2015年度より3年にわたり、中原淳研究室と、日本教育研究イノベーションセンター（JCERI）の共同で実施してきた（資料1）。普通科またはそれに準ずる学科、および総合学科を設置する全国の高校を対象とし、3年でのべ49,864名の先生方にご回答いただいた。ご協力くださった先生方に、この場をお借りして心より感謝申し上げる。

本調査は、アクティブラーニングの視点に立った参加型授業の実態を把握することを目的として開始された。しかし、2015年度調査の結果を分析したところ、アクティブラーニングへの組織的な取り組みには、カリキュラム・マネジメントが鍵となることが示唆された。そこで、2016年度以降は、アクティブラーニングに加えて、カリキュラム・マネジメントの実態把握も目的として、調査項目を設定している。

なお、アクティブラーニングという言葉によってイメージされるものは人によって偏りがあると考えられるため、調査票では「参加型学習」という言葉を用いて、資料2のような定義を示した。以下では、基本的に「アクティブラーニング」の語で統一し、調査表からの引用に限り「参加型学習」と表記するものとする。

のべ5万人のデータから、どんな「今」が見えてくるだろうか。さっそく、調査結果を検討してみよう[1]。

資料１　全国調査の概要

（１）名称

「高等学校におけるアクティブラーニングの視点に立った参加型授業に関する実態調査」

（２）実施主体

東京大学大学総合教育研究センター教育課程・方法開発部門中原淳研究室*[1]
日本教育研究イノベーションセンター（JCERI）

（３）実施期間

2015年7月〜9月、2016年7月〜9月、2017年7月〜9月

（４）対象および回収率

■2015年度

普通科またはそれに準ずる学科、および総合学科を設置する全国の高等学校（計3,893校）を対象に、学校代表者調査*[2]、教科主任調査*[3]、教員調査*[4]を実施。

回収率：72.0%（2,414校）

■2016年度

普通科またはそれに準ずる学科、および総合学科を設置する全国の高等学校のうち、2015年度調査に回答した学校（計2,414校）を対象に、教科主任調査*[3]、教員調査*[4]を実施。

回収率：74.3%（1,793校）

■2017年度

普通科またはそれに準ずる学科、および総合学科を設置する全国の高等学校（計3,857校）を対象に、学校代表者調査*[2]、カリキュラム・マネジメント担当者調査*[5]、教科主任調査*[3]を実施。

回収率：56.7%（2,188校）

*1　調査実施時の所属は、東京大学大学総合教育研究センター教育課程・方法開発部門。2018年4月より、立教大学経営学部。
*2　校長、副校長、教頭などの学校代表者対象。
*3　各教科（国語、地歴・公民、数学、理科、外国語）の教科主任対象。
*4　アクティブラーニングの視点に立った参加型授業を実施している教員対象。
*5　カリキュラム・マネジメント（学校教育目標に向けた教育課程の研究開発・開発・改善）について、実質的に最もその任にあたっている教員対象。

資料２「参加型学習」の操作的定義

本調査では、教員による一方向的な講義形式や思考を伴わない体験のみの教育とは異なり、学習者の能動的な学習への参加と思考を促す教授・学習法を総称して「参加型学習」と呼ぶこととします。

具体的には、以下の表に挙げたような手法を取り入れた学習を「参加型学習」と定義します。そして、これらの手法を取り入れた「参加型学習」を、全授業のうち１回でも実施した授業を調査の対象とします。

意見発表・交換型： 議論や発表を通して、意見を交換・整理する形態	例えば ディベート、話し合い（ディスカッション）、プレゼンテーション、ブレインストーミングなど
理解深化型： 自分の思考を客観的に振り返り、理解を深める形態	例えば 協調学習、学び合い、ふりかえり（リフレクション）、自己による学習評価、作文など
課題解決型： 課題に対して解決策を提案、または実行する形態	例えば 課題解決型学習、ケーススタディ、探究・調べ学習、プロジェクト型学習など

※講義を一方的に聞くだけの授業は、「参加型学習」には含みません。

※教科書の音読や輪読、挙手、一問一答式の発問に対する回答、プリントや問題集の解答、実験・実習・実技、見学、教材の視聴など、生徒が何らかの活動を行うものでも、生徒の思考が活性化しない場合には、本調査での「参加型学習」には含みません。

ただし、「意見発表・交換型」「理解深化型」「課題解決型」等の思考の活性化を伴うプロセスを含むものであれば、本調査での「参加型学習」に含めるものとします。

第1章　アクティブラーニングの広まりと取り組みの変化

高校におけるアクティブラーニングの実施率

全国の高校において、アクティブラーニングを実施している学校の割合はどのくらいだろうか。

２０１７年度の学校代表者調査で「自校では、アクティブラーニングにすでに取り組んでいる」[2]と回答した学校は、全体の65・4％であった。２０１５年度調査では同様の回答は全体の56・6％であったから、この2年間で8・8ポイント増加したことになる（資料3）。

２０１５年から２０１７年の2年間は、学習指導要領の改訂や高大接続改革など、高校教育にとって一つの転換期といってもよい時期であった。

８・８ポイント増という変化を大きいと見るか小さいと見るかは解釈が分かれるだろうが、高校を取り巻く大きな〈うねり〉のなかで、アクティブラーニングを実施する高校は着実に増えてきたと言うことができるだろう。

資料3　AL実施率の変化

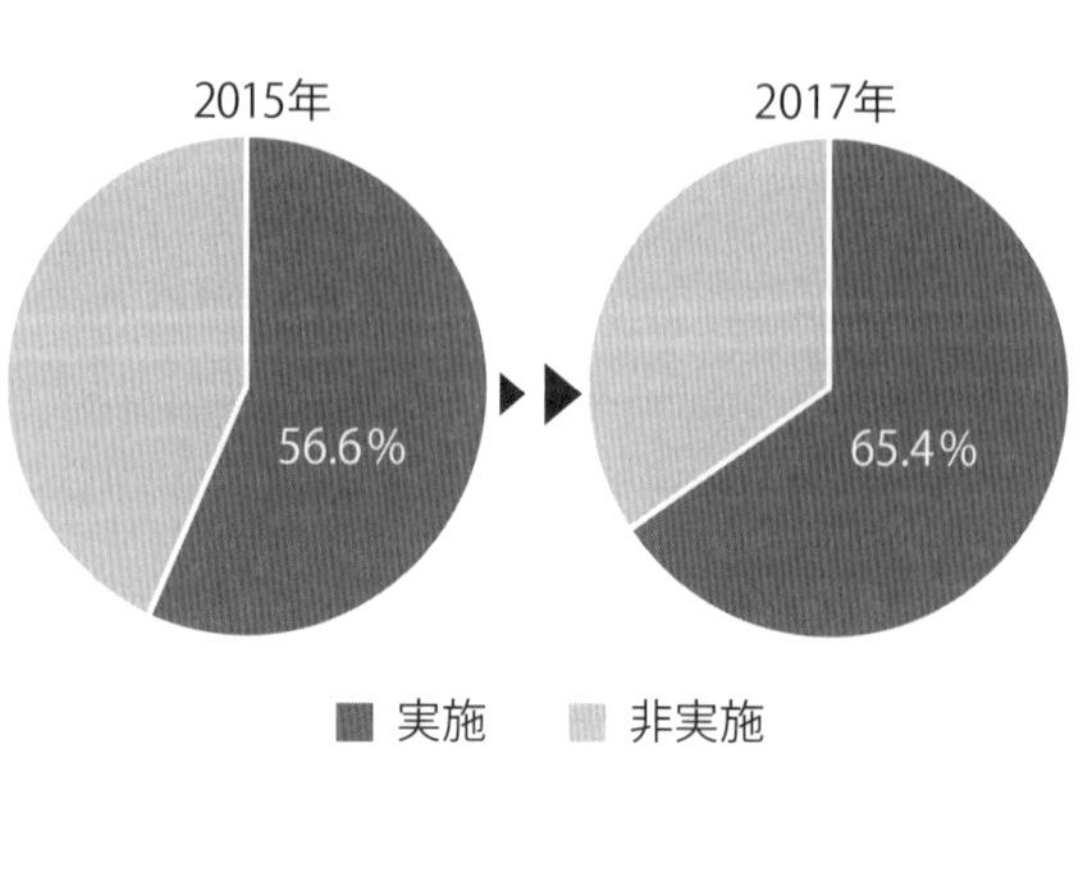

ポイント
2017年度、全国の高校の65・4%がアクティブラーニングに取り組んでいる。2015年度の調査開始時点から、アクティブラーニングは着実に広まってきた。

アクティブラーニングへの取り組みの増加は、教科ごとの実施率の変化にも現れている。

2015年度と2017年度の教科主任調査において、「自教科では、アクティブラーニングにすでに取り組んでいる」[3]と回答したのは、国語科で53・7%→55・3%（1・6ポイント増）、地歴・公民科で44・4%→48・6%（4・2ポイント増）、数学科で26・0%→34・6%（8・6ポイント増）、理科で43・7%→49・0%（5・3ポイント増）、外国語科で51・6%→54・8%（3・2ポイント増）と、すべての教科で実施率が上昇しているのである（資料4）。

教科の特性によって、アクティブラーニングへの取り組みやすさには差があると考えられるため、教科間の実施率の違いを論じる際には注意が必要である。だが、全体の傾向として、国語科や外国語科では2015年度から一貫して実施率が相対的に高く、数学科や理科では実施率自体は相対的に低いものの、2015年度からの伸びが大きいことが読み取れる。

ポイント
すべての教科において実施率が増加。特に、数学科と理科の伸びが大きい。

資料4　教科ごとのAL実施率の変化

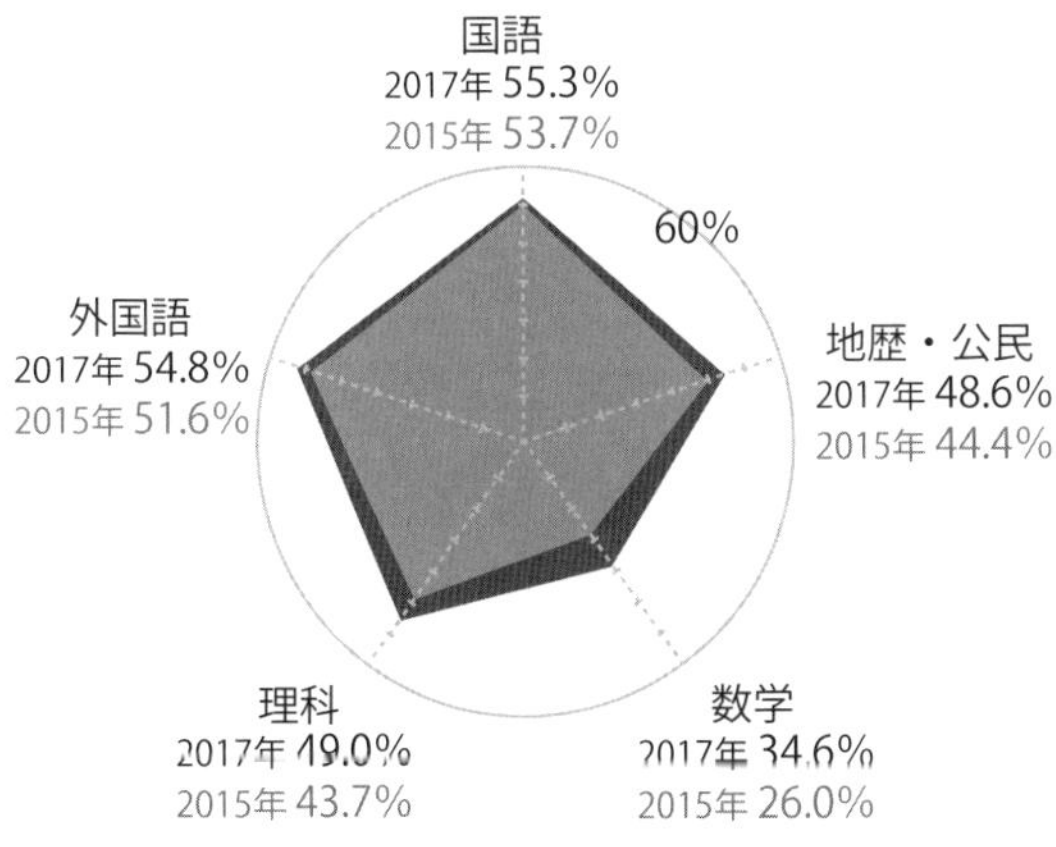

導入時期ときっかけ

２０１５年度の調査時点から、学校レベルでも、教科レベルでも、アクティブラーニングへの取り組みは着実に増えてきていることがわかった。では、いつ頃、何をきっかけにアクティブラーニングに取り組みはじめた学校が多いのだろうか。２０１７年度調査で自校ではアクティブラーニングに「すでに取り組んでいる」と回答した学校の代表者に、アクティブラーニングを導入した時期ときっかけを尋ねた。

導入時期として最も多かったのは、２０１７年を基準として「２～３年前から」（43・６％）、つまり２０１４年～２０１５年頃という回答であった。「昨年（２０１６年）から」（15・９％）、「今年（２０１７年）から」（３・４％）という回答を合わせると、２０１７年度の時点でアクティブラーニングに取り組んでいる高校のうち、62・９％が２０１４年度以降に導入を決めたことになる（資料５）。

ここで、アクティブラーニング関連の政策を時系列に沿って振り返ってみよう。

当初、アクティブラーニングの視点に立った授業改善の重要性が論じられたのは、高校教育ではなく、大学教育改革の文脈においてであった。政策文書のなかに初めて「アクティブ・ラーニング」という言葉が

資料５　ALの導入時期

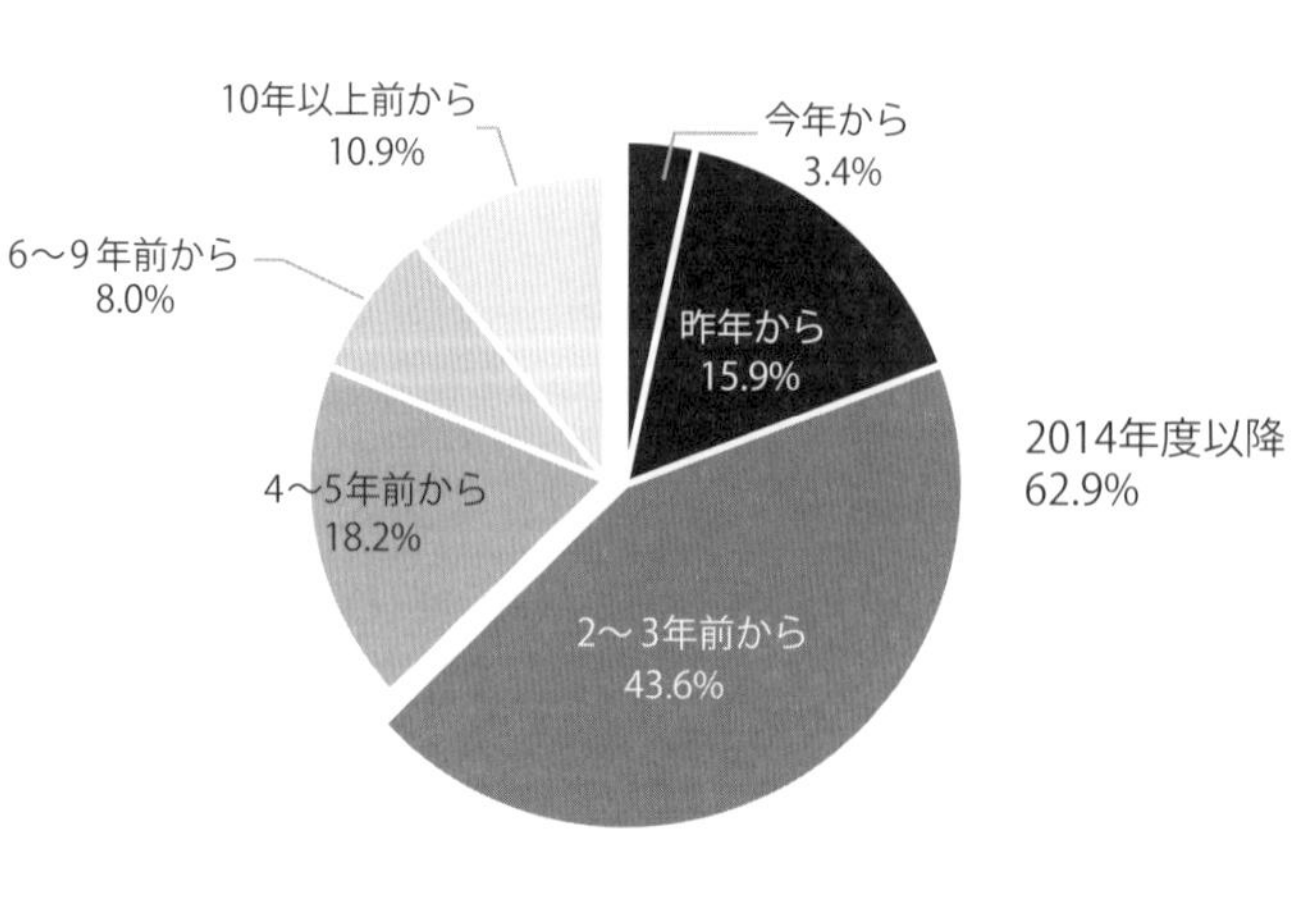

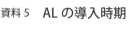

登場するのは、2012年8月の中央教育審議会答申「新たな未来を築くための大学教育の質的転換について」であり、大学の授業を「能動的学修（アクティブ・ラーニング）」へと転換していく必要性が論じられている。

アクティブラーニングに関する議論が高校教育改革にも流れ込んできたのは、学習指導要領の改訂作業においてであった。2014年11月、当時の文部科学大臣から中央教育審議会への諮問において、新しい時代に必要となる資質・能力の育成に向けて、「アクティブ・ラーニング」の視点からの学習・指導方法や、「アクティブ・ラーニング」による学習成果の評価のあり方などについて検討を進めてほしい旨が述べられたのである。2018年3月に告示された高校の次期学習指導要領では、「アクティブ・ラーニング」という言葉こそ消えたものの、同様の意味内容をもつ「主体的・対話的で深い学び」の重要性が示されることとなった。

大学入試もまた、アクティブラーニングを通じて身につけられる資質・能力を評価するものへと変わりつつある。2015年には、高校教育・大学教育・大学入試の三位一体の改革を進める「高大接続改革実行プラン」が出されている。そこでは、これからの高校や大学においては、これまで重視されてきた「知識・技能」だけではなく、「思考力・判断力・表現力」や「主体性・多様性・協働性」などの「真の学力」を育成することを目指すとともに、大学入試がそうした「真の学力」を評価できるものとなるよう、改革を進めていくものとされている。具体的には、従来の大学入試センター試験に代えて、2020年度から記述式問題等を取り入れた「大学入学共通テスト」が実施される。また、2024年度からは、「主体的・対話的で深い学び」の実現を柱とした次期学習指導要領を前提に、さらなる改革を行うことが明らかにされている。

このように振り返ってみると、多くの高校がアクティブラーニングに取り組みはじめたという2014年以降は、アクティブラーニングに関する政策が高校教育の文脈で動きはじめた時期に、ちょうど重なっていることがわかる。高校教育におけるアクティブラーニングへの着目と議論の活発化、学習指導要領の改訂、大学入試改革といった出来事が、この時期に集中して生じているのである。

　実際、学校代表者が「導入のきっかけ」として回答している理由を見ると、「次期学習指導要領で重視される方向性だから」（52・6％）が最も多く、「大学入試が変わるから」（39・5％）も第3位に入っている（資料6）。これらの出来事が、高校でのアクティブラーニングへの取り組みに大きな影響を与えたことがわかる。

資料6　AL導入のきっかけ（複数選択）

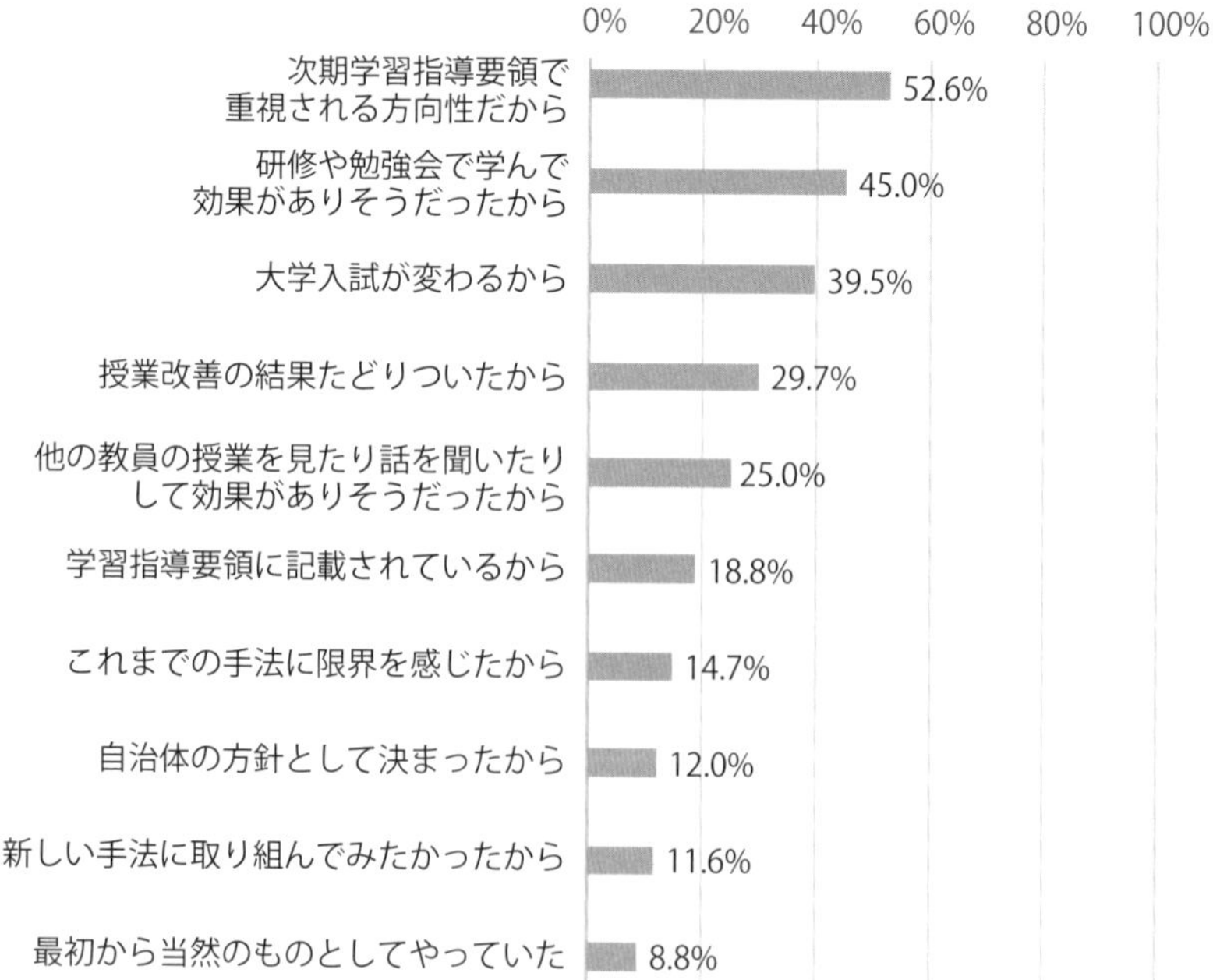

一方で、「研修や勉強会で学んで効果がありそうだったから」（45・0％）、「授業改善の結果たどりついたから」（29・7％）、「他の教員の授業を見たり話を聞いたりして効果がありそうだったから」（25・0％）といった回答が上位に入っていることも見逃せない。というのも、こうした回答からは、単に改革の動向に対応するためというのではなく、先生方が実際にアクティブラーニングに触れ、納得感や期待感をもって導入を決めた姿が見えてくるからである。

　2015年度調査では、「アクティブ・ラーニング」に対するイメージを尋ねているが、学校代表者・教科主任ともに、最も多かったのは「生徒の力の向上に効果的な学習である」という回答で、「積極的に取り組むべき学習である」が続く結果となった[4]。

　導入時期として最も多い2015年の時点で、多くの先生方は、アクティブラーニングに対して概ねポジティブなイメージを持っていたわけである。このことからも、高校におけるアクティブラーニングの導入には、納得感や期待感が伴っていたことがうかがえるだろう。

ポイント
学習指導要領の改訂などを背景に、2014~2015年頃からアクティブラーニングに取り組みはじめた学校が多い。

アクティブラーニングへの取り組み状況の変化

　このように、2014～2015年頃を境に多くの学校がアクティブラーニングに取り組みはじめたわけだが、それからの3年間で、その取り組み方にも変化が生じている。調査初年の2015年度から3年目の2017年度にかけて、組織的な取り組みが増えているのである。

　2015年度の学校代表者調査をみると、「学校全体として参加型学習に関する目標を掲げている」と回答した学校は22・8％、「参加型学習の推進に関する具体的な計画を策定している」が13・4％、「参加型学習の内容を含む校内研修を行っている」が29・3％などとなっており、学校全体としてアクティブラーニングを推進する体制が整っていなかったことがわかる。

同年度の教科主任調査でも、教科全体で目標を掲げたり、計画を策定したりしているという回答は少なく、取り組み状況として最も多かったのは、「独自に参加型学習に取り組んでいる教員がいる」（68・5％）という回答であった。

対して、2017年度の学校代表者調査では、「学校全体として参加型学習に関する目標を掲げている」学校は18・4ポイント増の41・2％、「参加型学習の推進に関する具体的な計画を策定している」学校は7・0ポイント増の20・4％、「参

資料7　ALへの取り組み状況の変化（複数選択）

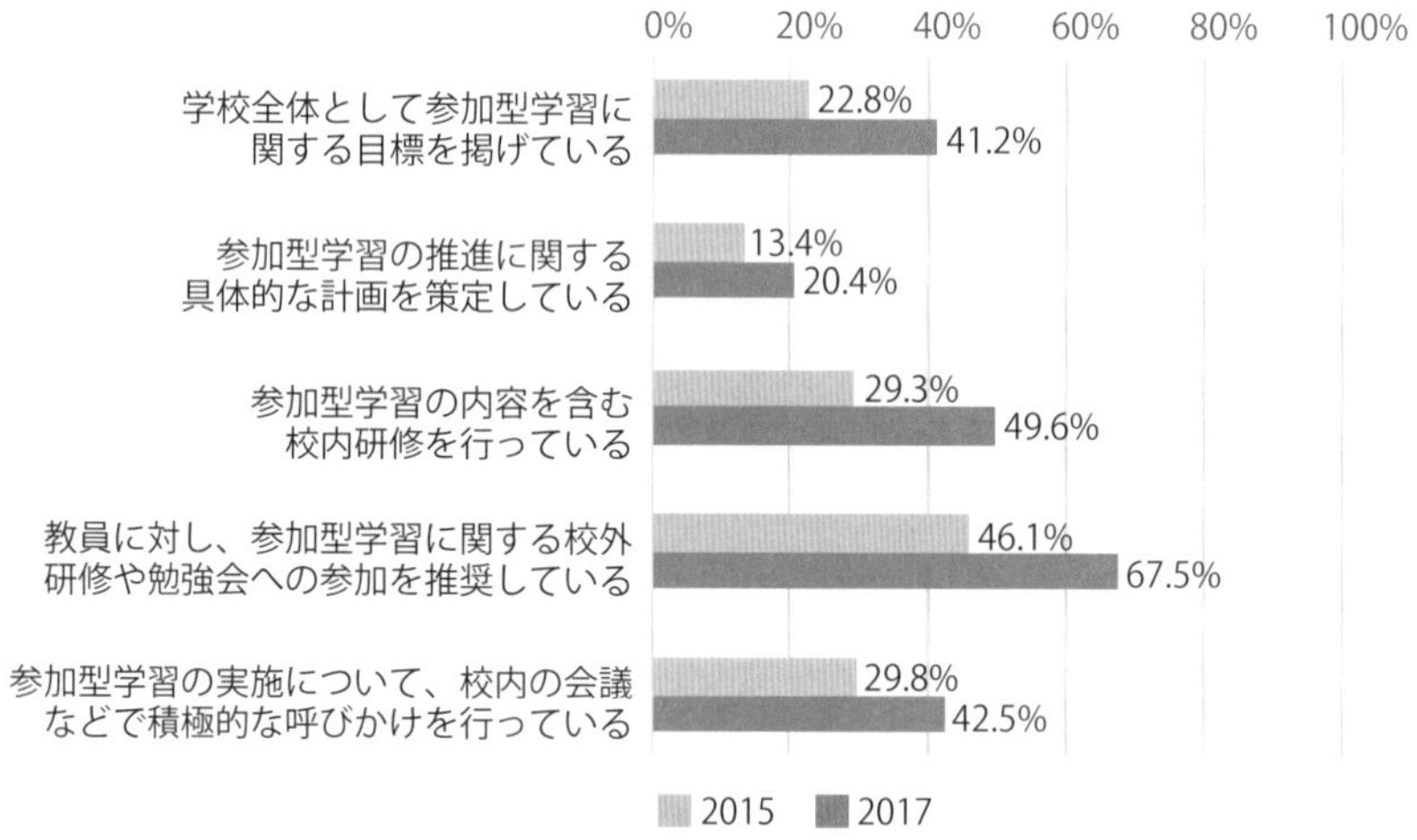

加型学習の内容を含む校内研修を行っている」学校は20・3ポイント増の49・6％などと、軒並み大幅に増加している（資料7）。

なお、「参加型学習の内容を含む校内研修を行っている」と回答した学校には、2017年度に行われた（調査時点での予定も含む）アクティ

資料8　ALに関する校内研修の回数

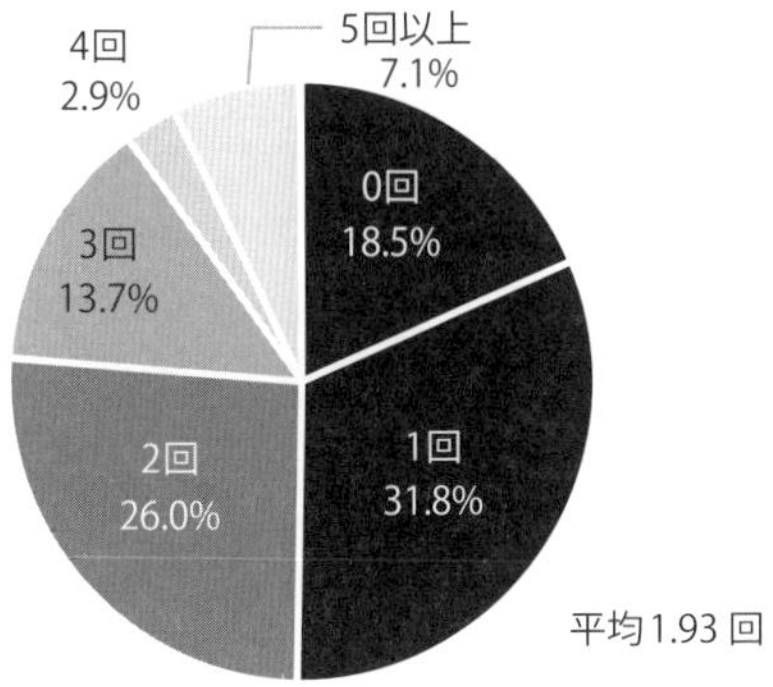

資料9　ALに関する校内研修のテーマ（複数選択）

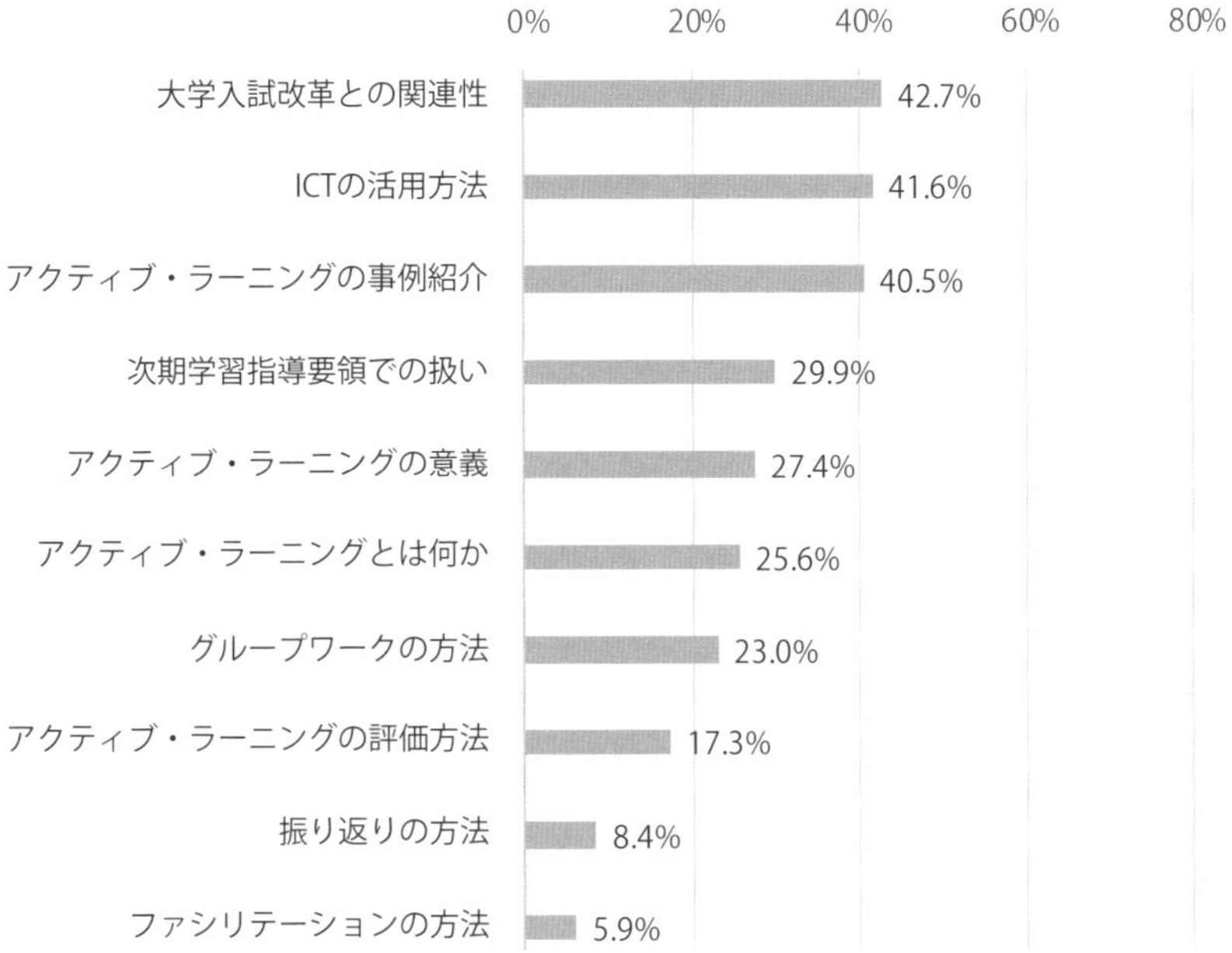

ブラーニングに関する校内研修の回数とテーマについても尋ねた。その結果、回数の平均は1・93回であり、0回の学校も18・5％あった一方で、1～3回実施の学校が合わせて71・5％となっていた（資料8）。また、アクティブラーニングに関する校内研修のテーマとしては、「大学入試改革との関連性」（42・7％）や「ICTの活用方法」（41・6％）、「アクティブ・ラーニングの事例紹介」（40・5％）といった回答が多く見られた（資料9）。

　高校におけるアクティブラーニングへの取り組み方は、個々の先生による個別の取り組みから、学校全体での組織的な取り組みへと、移行しつつあると言えるだろう。

ポイント
学校全体で目標や計画を立てたり、校内研修を実施したりするなど、アクティブラーニングに組織的に取り組む学校が増えてきた。

アクティブラーニングの効果

　このように、全国の高校においてアクティブラーニングの実施率は着実に増加し、学校としての組織的な取り組みが増えてきたわけであるが、高校の先生方はアクティブラーニングの実施によって、どのような効果を実感しているのだろうか。２０１５年度および２０１７年度調査で、学校代表者と教科主任に尋ねた。以下では、２０１７年度調査の結果を紹介する。具体的な項目は資料10の通りである。

　先生方が実感しているアクティブラーニングの効果は、学校代表者・教科主任ともに、「生徒の教科内容に対する知的好奇心が高まった」が最も多く、2位と3位も「生徒が他者と一緒に学ぶ楽しさを理解するようになった」と「生徒と教員間のコミュニケーションが深まってきた」で一致していた（資料11）。

　多くの先生方が、アクティブラーニングを実施することを通して、生徒が知的好奇心を高めたり、他者と学ぶことの楽しさを理解したことや、生徒と教員間のコミュニケーションが深まったことを、効果として感じていることがわかった。

資料 10　ALの効果に関する調査項目

思考・表現力

・生徒の自分の考えを言語で表現する力が高まった
・生徒がこれまでにない発想をするようになった
・生徒が自分の考えを深められるようになった

課題解決力

・生徒が身の回りの課題に気づき、自分がすべきことを判断できるようになった
・生徒が適切に情報を収集し、選択・活用できるようになった
・生徒が主体的に考え、動き、課題解決できるようになった

主体性

・途中であきらめず最後まで粘り強く取り組めるようになった
・生徒の学習習慣（予復習）が身についた
・生徒が何事にも意欲的に取り組むようになった
・生徒が他者から言われなくても自分から主体的に学ぶようになった

市民性

・生徒の職業や勤労に対する意識や理解が高まった
・社会の出来事などに対する生徒の問題意識が高まった
・地域社会との交流や相互理解が深まった
・生徒が状況の変化に柔軟に対応できるようになった
・生徒の生き方についての自覚や将来の進路展望が深まった

協働性

・生徒に主張・傾聴・討論などのコミュニケーション力が身についた
・普段は消極的な生徒が、授業のなかで積極的に関われるようになった
・生徒の社会性や協調性が高まった
・生徒が他者と一緒に学ぶ楽しさを理解するようになった

教科基礎力

・生徒の教科における学業成績（学内定期考査など）が向上した
・生徒の進路実績が向上した
・生徒の教科内容に対する知的好奇心が高まった
・生徒の文章などを正確に読み解く力が高まった

教科応用力

・生徒が教科で学んだことを生活のなかで活かすことができるようになった
・生徒の教科を越えた知識や理解の統合が進んだ
・生徒の物事を多面的に見る力が高まった

入試・就職力

・大学入学試験（AO・推薦入試など）で必要となる力が高まった
・大学入学試験（一般入試）で必要となる力が高まった
・就職で必要となる力が高まった

教員とのコミュニケーション

・生徒と教員間のコミュニケーションが深まってきた

ポイント
多くの先生方が、アクティブラーニングの効果として、生徒の知的好奇心の高まりや他者と学ぶことの楽しさへの理解、生徒と教師間のコミュニケーションの深まりを実感している。

学習環境や授業方法の工夫

それでは、より効果の高いアクティブラーニングを目指して、先生方はどのような工夫をしているのだろうか。2017年度調査では、効果的なアクティブラーニングを進めるために、自教科で取り入れている「学習環境や授業方法の工夫」につ

資料11　ALの効果トップ5（複数選択）

学校レベル

1	生徒の教科内容に対する知的好奇心が高まった	72.6%
2	生徒が他者と一緒に学ぶ楽しさを理解するようになった	70.3%
3	生徒と教員間のコミュニケーションが深まってきた	68.1%
4	生徒に主張・傾聴・討論などのコミュニケーション力が身についた	67.7%
5	生徒の自分の考えを言語で表現する力が高まった	66.4%

教科レベル

1	生徒の教科内容に対する知的好奇心が高まった	64.7%
2	生徒が他者と一緒に学ぶ楽しさを理解するようになった	62.5%
3	生徒と教員間のコミュニケーションが深まってきた	60.6%
4	生徒に主張・傾聴・討論などのコミュニケーション力が身についた	57.5%
5	生徒の自分の考えを言語で表現する力が高まった	55.6%

いて教科主任に尋ねている（資料12）。

　その結果、「生徒にねらいを伝えるなど、学習の到達点を意識させる工夫」（94・8％）や「自作プリントや模型・実物の提示など、アナログな教材教具の工夫」（92・4％）、「学習活動の各場面で生徒の学習を促す動機づけの工夫」（89・6％）といった回答が多く見られた[5]。

　2015年度調査からの変化に着目すると、「電子教科書やタブレット端末など、デジタルな教材教具の工夫」の伸びが大きく、2017年度は12・2ポイント増の63・3％であった（資料13）。

　もちろん、ICTが整備されていなければアクティブラーニングを実

資料12　学習環境や授業方法の工夫

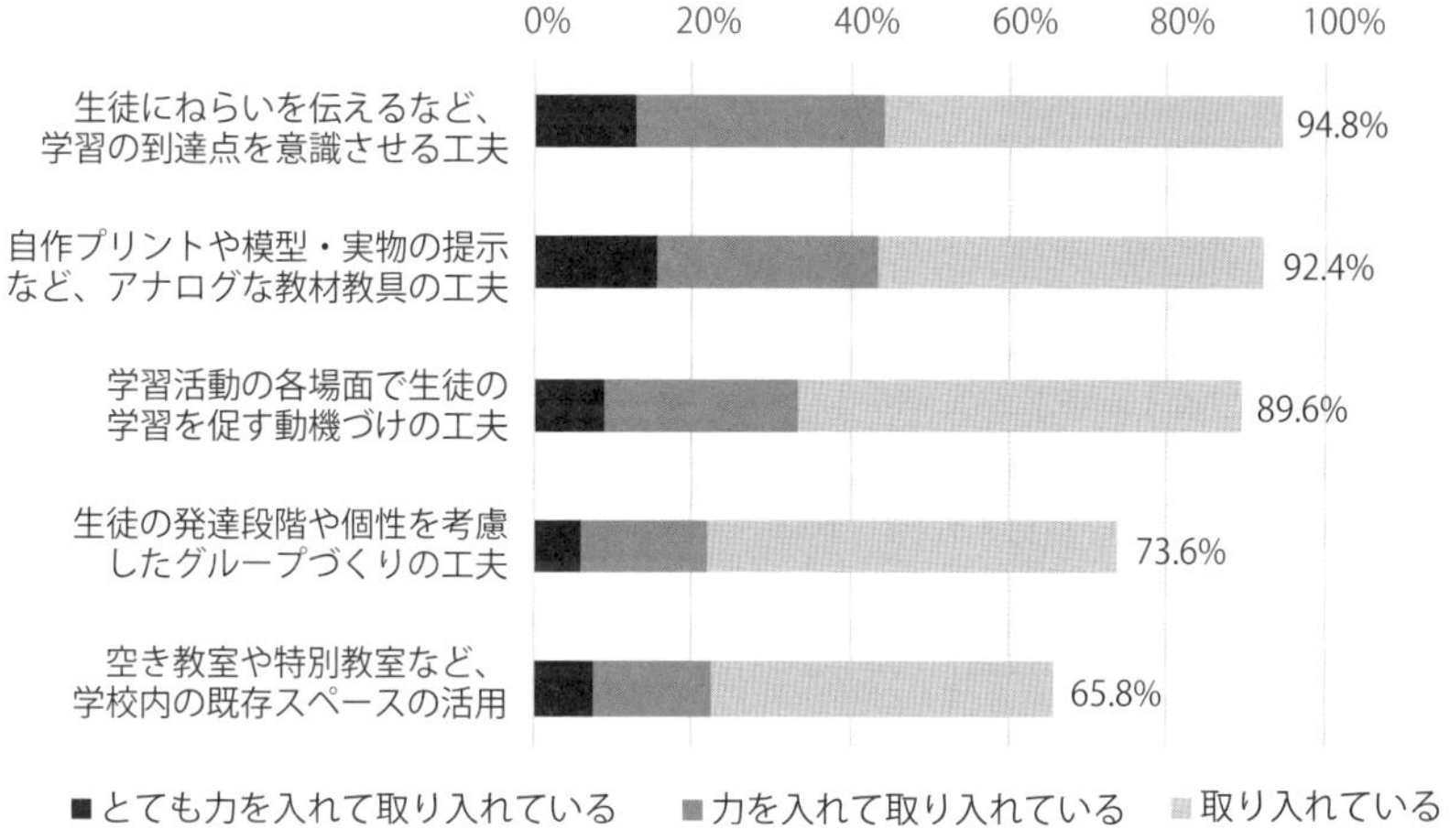

資料13　ICT活用の変化

●電子教科書やタブレット端末などデジタルな教材教具の工夫

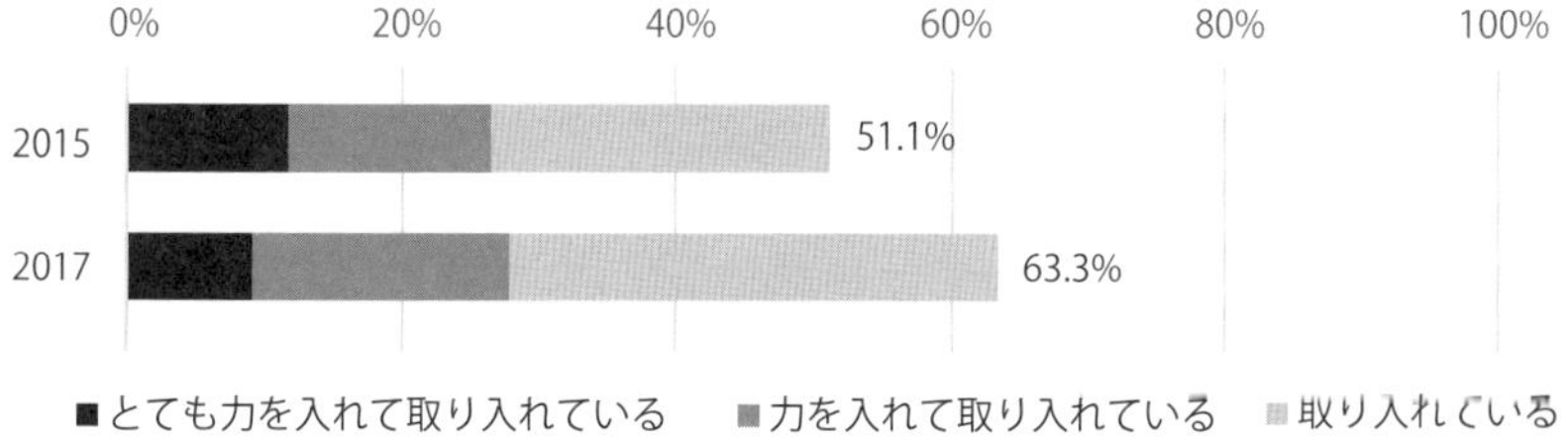

現できない、というわけではない。しかし、アクティブラーニングに関する校内研修のテーマでも「ＩＣＴの活用方法」は上位に挙げられている（資料9参照）。

　これらの結果から、多くの学校がアクティブラーニングを効果的に進めるための工夫としてＩＣＴの活用に関心を寄せ、実際に導入したり活用したりするようになったことがわかる。

ポイント

効果的なアクティブラーニングを実現するために、様々な工夫がなされている。特に、ICTについては、ここ数年で整備が進められ、活用されるようになってきた。

アクティブラーニングに関する悩み

　アクティブラーニングを導入し、様々な工夫を通して、それをより効果的なものにしようとするなかで生じてくるのが、アクティブラーニング実施上の「悩み」である。授業改善への努力があるからこそ、悩みがある。全国の先生方は、アクティブラーニングに取り組むなかで、どのような悩みに直面しているのだろうか。

　２０１７年度調査で、学校代表者の悩みとして最も多かったのは、「授業準備のための時間が足りない」（71・7％）という悩みで、「授業前後の教員の負担が増加する」（70・8％）、「教員の授業スキルが不足している」（59・1％）が続いた（資料14）。

　教科主任の先生方の回答として最も多かったのも、「授業準備のための時間が足りない」（76・0％）と、「授業前後の教員の負担が増加する」（74・0％）という悩みで、学校代表者による回答の傾向と一致していた[6]。

　アクティブラーニングを実施することにともなう負担増加に関しては、２０１５年度調査でも、学校代表者、教科主任ともにアクティブラーニング実施上の悩みとして上位に入っていた。

　ただし、同年度の教員調査における「悩みの克服方法」についての自

資料14　ALに関する悩みトップ5（複数選択）

学校レベル

1	授業準備のための時間が足りない	71.7%
2	授業前後の教員の負担が増加する	70.8%
3	教員の授業スキルが不足している	59.1%
4	必要な施設・設備が足りない	54.7%
5	生徒の学習活動を客観的に評価することが難しい	51.1%

教科レベル

1	授業準備のための時間が足りない	76.0%
2	授業前後の教員の負担が増加する	74.0%
3	授業の進度が遅くなる	68.0%
4	生徒の学習活動を客観的に評価することが難しい	58.0%
5	参加型学習になじめない生徒や、ついてこられない生徒がいる	56.8%

由記述を見てみると、「一人で取り組むのではなく、同僚と一緒に取り組んだり、学校として取り組むことで、一人ひとりの負担が減った」や「学校だけでなく、地域・行政・企業・大学など、幅広い組織・団体から協力を得た。最初は大変だが、やってみると負担が減る部分があった」など、学校内での連携や外部リソースの活用によって、負担増加の悩みを克服したという記述が多く見受けられる。

教員個人の負担を減らし、息の長い授業改善にしていくためにも、アクティブラーニングを支える組織的な体制づくりが重要だと言えるのではないだろうか。

一方で、２０１７年度の学校代表

者調査では、2015年度調査と比べて減少した悩みもいくつかある。なかでも、「教員が参加型学習の必要性を感じていない」（15・2%）という悩みは、2015年度と比較すると5・5ポイント減となっている[7]。

アクティブラーニングの広まりとともに、その意義についての理解も広く共有されつつあることがわかる（資料15）。

ポイント
授業前後の負担増加を感じる先生方が多い。ただし、アクティブラーニングの必要性については、共通理解が広まりつつある。

資料15　ALに関する悩みの変化

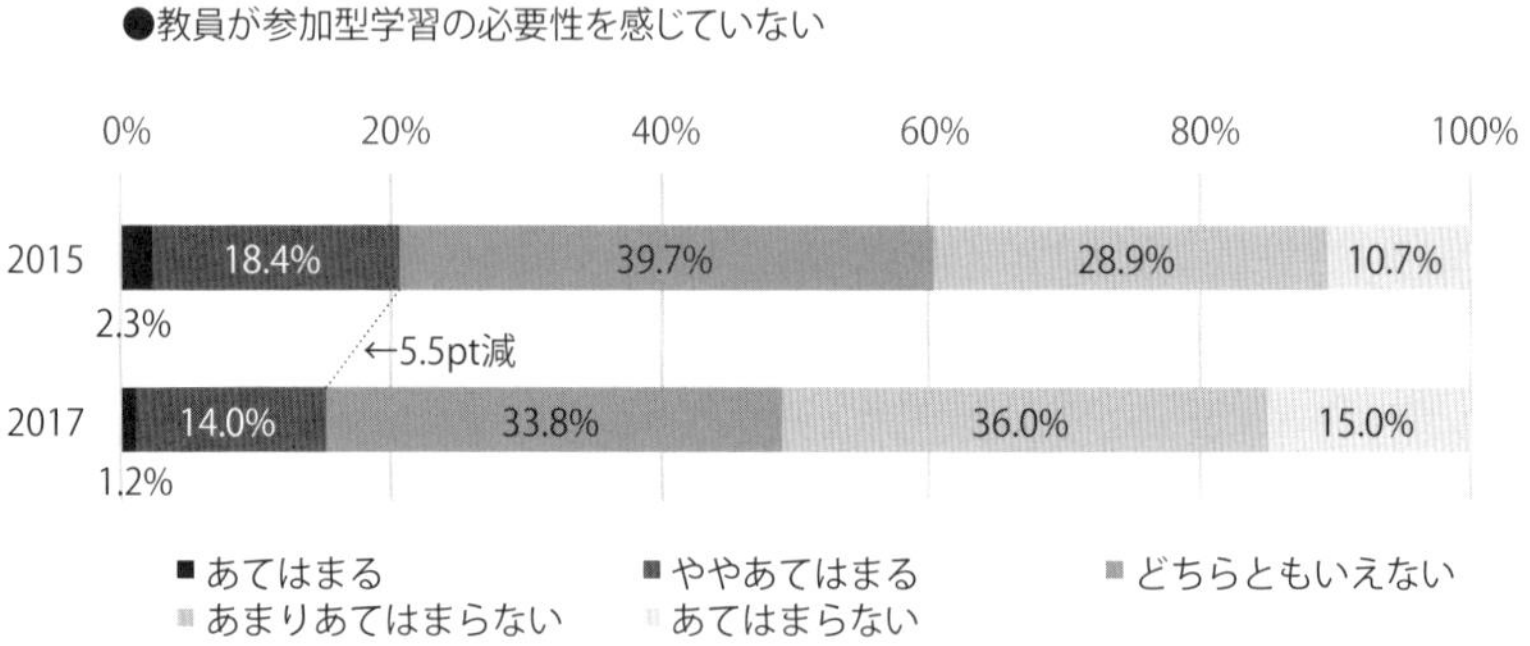

アクティブラーニングの評価

ところで、高校の先生方はアクティブラーニングの評価をどのように行っているのだろうか。授業改善という観点からみると、授業を通して生徒がどのような力を身につけたのかを評価することは、授業自体を評価することでもある。生徒の評価は授業の評価でもあり、さらなる授業改善の根拠にもなるのだ。

2015年度および2017年度の教科主任調査では、アクティブラーニングの視点に立った授業の評価の有無や方法について尋ねている。その結果、まず評価の有無については、参加型授業における生徒の活動や成果物を「評価し、成績に含めている」が64・2％（2015年）↓59・5％（2017年）で4・7ポイント減、「評価しているが、成績には含めていない」が25・4％↓22・7％で2・7ポイント減となっていた。一方で「評価していない」は10・4％↓17・8％で7・4ポイント増となっており、全体として、生徒の活動や成果物を評価したり成績に含めたりする教科の割合が減っていることがわかる。[8]（資料16）。

なぜ、このような変化が生じたのだろうか。

2015年度調査では「評価している」と回答したが、2017年度調査では「評価していない」と回答した学校に着目し、他の3タイプ

資料 16　ALの評価の変化

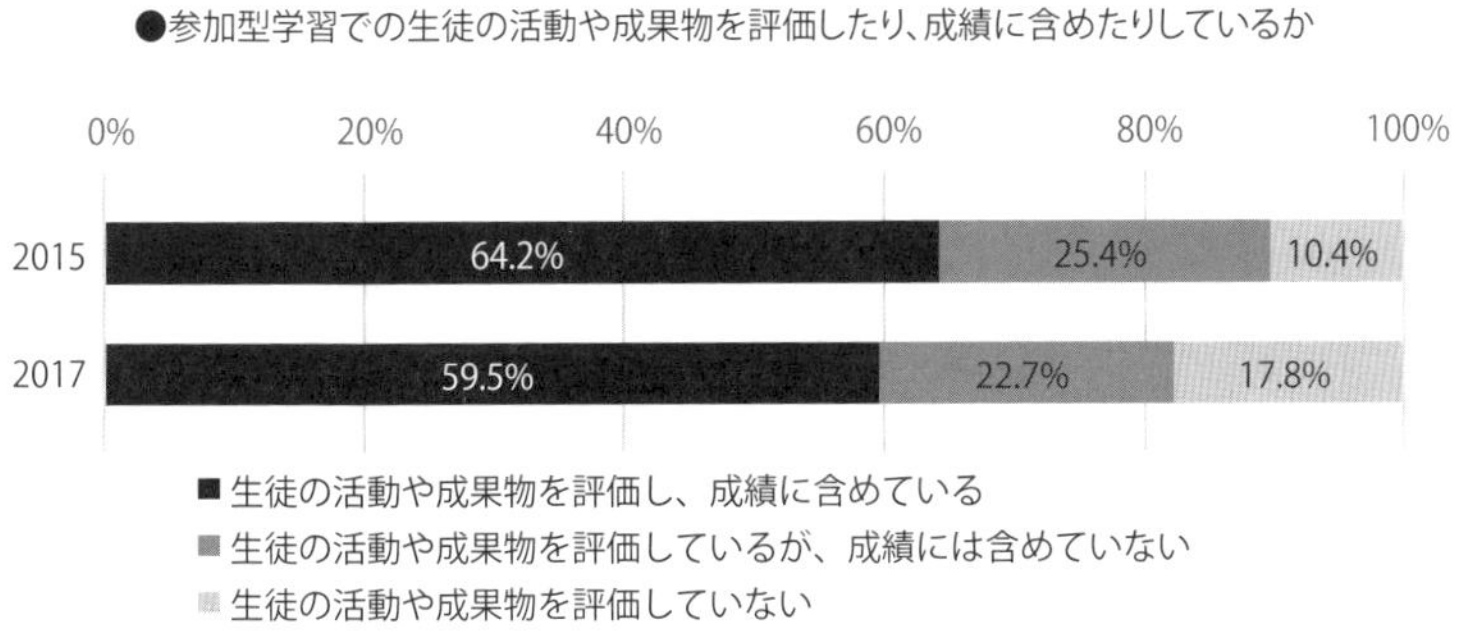

（2015年度も2017年度も「評価している」、2015年度は「評価していない」が2017年度には「評価している」、2015年度も2017年度も「評価していない」）の学校と比較して、どのような特徴があるかを分析してみた。

その結果、それらの学校の特徴として、2015年度調査の段階で、アクティブラーニングの実施に関して「授業の進度が遅くなる」といった悩みを抱えていたことがわかった。アクティブラーニングによる生徒の学びをいつどのように評価するのか、効果的かつ効率的に評価できるように支援することが課題になっていると考えられる。

なお、2017年度調査では、「評

価している」と回答した教科主任の先生方に、評価の主体（＝誰が評価しているか）と評価の対象（＝何を評価しているか）についても尋ねている。

評価の主体については、「担当教員（単独）による評価」（56・4％）、「生徒同士による相互評価」（23・0％）、「生徒自身による自己評価」（21・7％）が特に多かった。また、評価の対象については、「作文やレポートなどの提出物」（49・8％）、「生徒の授業への参加度・積極性」（46・5％）、「生徒による発表（プレゼンテーション）の内容」（40・5％）が多くなっていた[9]。

ポイント

2017年度調査では、アクティブラーニングの視点に立った授業での生徒の活動や成果物について、「評価していない」との回答が2年前から7・4ポイント増の17・8％。評価しなくなった学校の特徴として、アクティブラーニングの実施によって「授業の進度が遅くなる」という悩みを抱えていたことが挙げられる。効果的かつ効率的な評価方法の確立が急務である。

大学との連携・接続

第Ⅰ部でも触れたように、高校教育においてアクティブラーニングの重要性が謳われるようになった背景には、グローバル化や情報化、仕事の変化など、社会の様々な変化があった。

生徒が高校卒業後に進んでいく先（大学や社会）との接続を意識しつつ、これからの社会において、彼ら・彼女らが他者と協同し、各々のライフスタイルやライフステージに合わせて学び続けていくための資質や能力を育成すること——アクティブラーニングは、そうした目的にふさわしい学習プロセスとされたのである。

次期学習指導要領では「社会に開かれた教育課程」（学校と社会が「未来の社会で必要とされる資質や能力」について理念を共有し、連携・

協働しながら教育活動を行うこと）の重要性が示されているが、これはまさにアクティブラーニングが前提とする学習観・学力観と共鳴している。

アクティブラーニングの視点に立った授業改善には、そもそも社会との接続や、学校外の諸アクターとの連携という要素が含まれているからである。

そこで2017年度調査（カリキュラム・マネジメント担当者調査および教科主任調査）では、「大学との連携や接続を意識した取り組み」および「社会との連携や接続を意識した取り組み」について尋ねている。

その結果、学校レベルでの組織的取り組みとして、何らかのかたちで大学と連携している高校は80・2％に上ることがわかった。具体的な連携のあり方としては、「大学等の研究者を講師に招いて実施している授業等」（58・5％）が最も多く、「大学生を講師（講演会のゲストスピーカーなど）に招いて実施する授業等」（26・6％）、「大学の施設を利用して実施した授業等」（26・1％）と続いた（資料17）。

一方、教科レベルでの取り組みとして、何らかのかたちで大学と連携しているのは41・0％（教科全体の割合）であり、学校レベルでの取り組み（80・2％）と比較すると半分の割合にとどまっている。教科別に見てみると、他教科に比べて、理科

資料 17　**学校レベルでの大学との連携・接続**（複数選択）

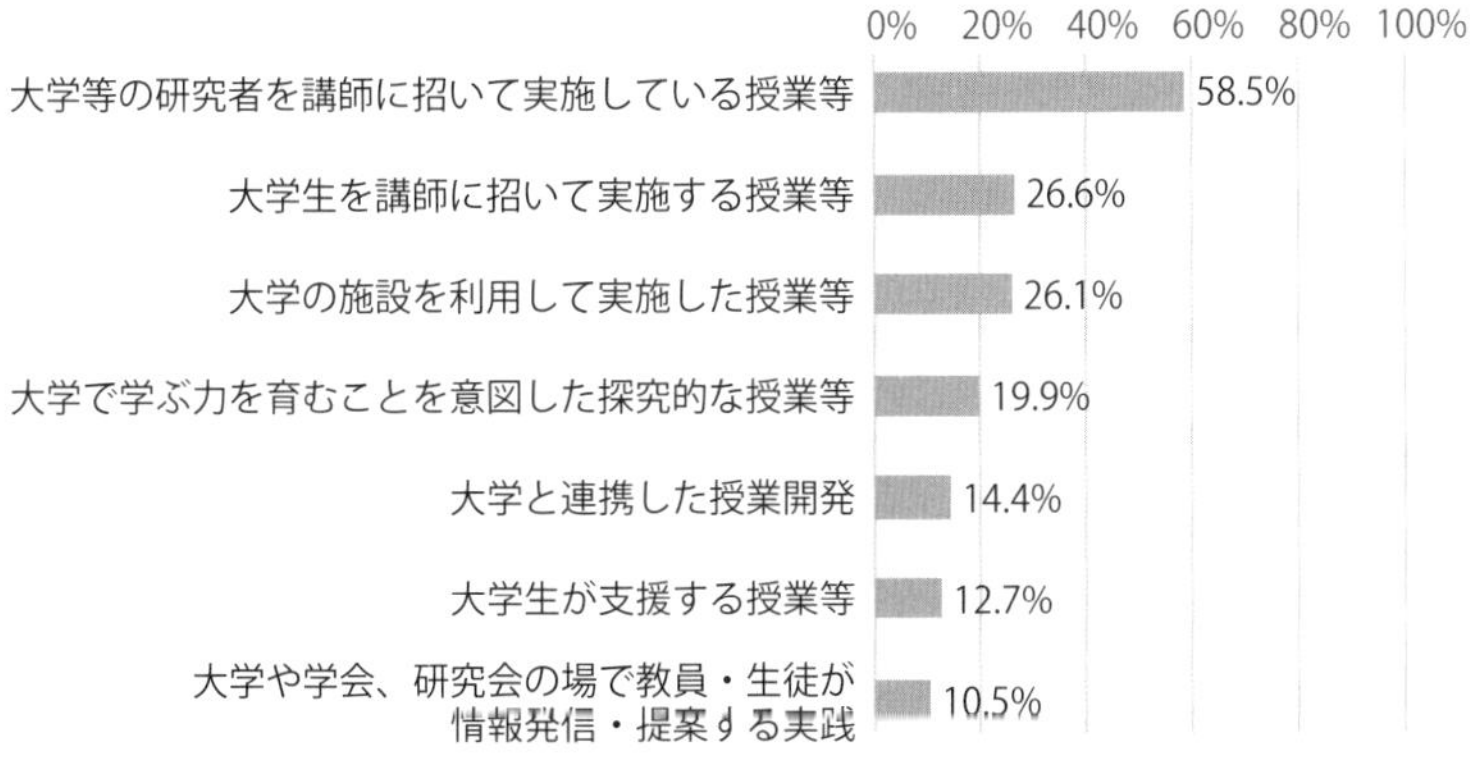

の取り組みが比較的進んでいることがわかった。特に、「大学等の研究者を招いて実施している授業等」（24・9%）、「大学や学会、研究会の場で教員・生徒が情報発信・提案する実践」（11・9%）、「大学の施設を利用して実施した授業等」（13・1%）、「大学と連携した授業開発」（8・6%）の項目について、調査対象となった教科（国語、地歴・公民、数学、理科、外国語）のなかで取り組みの割合が最も高くなっている（資料18）。

ポイント
大学との連携・接続を意識した取り組みは、学校レベルで盛んに取り組まれている。

資料 18　**教科レベルでの大学との連携・接続**（複数選択）

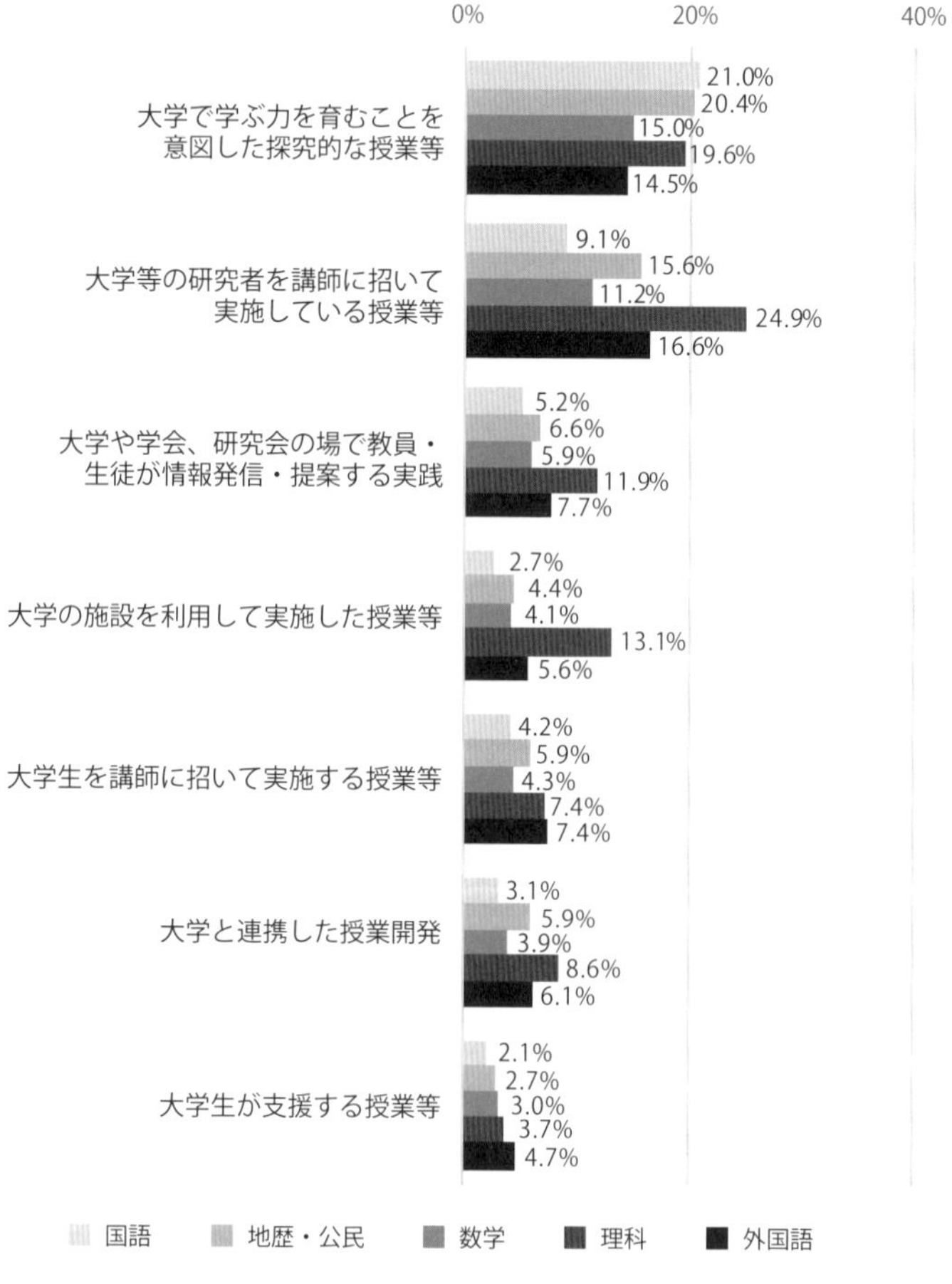

社会との連携・接続

社会との連携・接続については、学校レベルで何らかの取り組みを行っている高校は90・0%に上っており、大多数の学校が取り組みを進めていることがわかる。具体的な取り組みとしては「職業観の育成や生徒のキャリアを意識した授業等（職業体験やインターンシップなど）」（69・1%）が最も多く、「地域の特性を生かした授業等（地域住民や市民団体、地域の基幹産業、商店街との連携など）」（40・9%）、「グローバル社会とのつながりを意識した授業等（海外の学校、企業、大学、研究機関との連携など）」（39・8%）が続いた（資料19）。

資料19　学校レベルでの社会との連携・接続（複数選択）

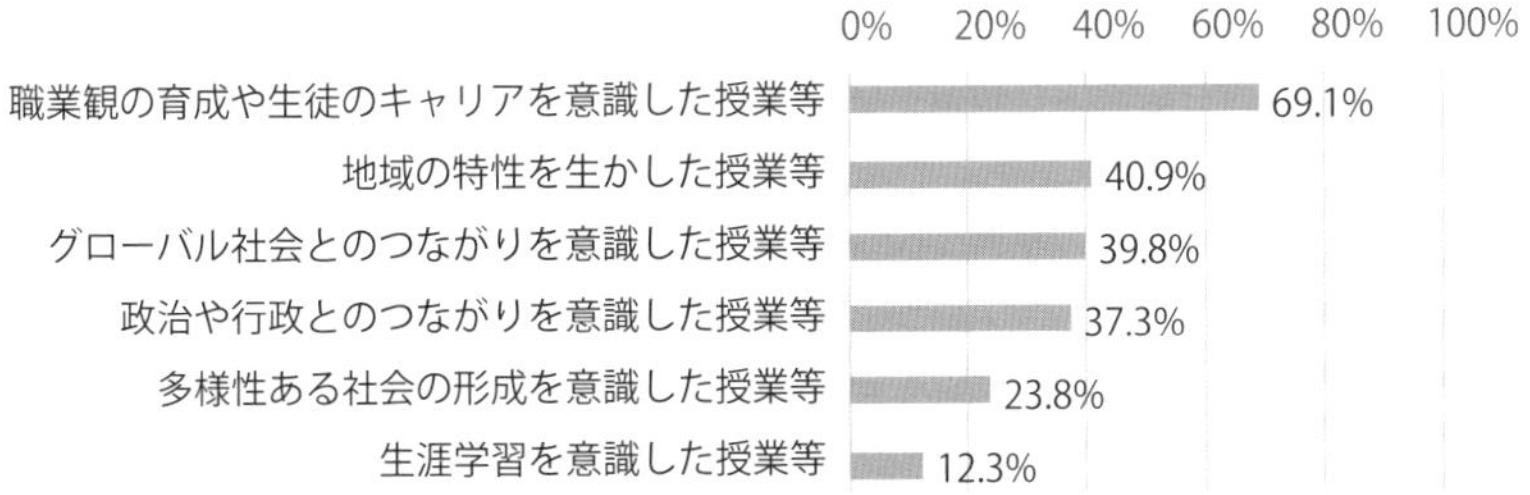

一方、教科レベルで何らかの取り組みを行っているのは36・8%（教科全体の割合）にとどまっており、大学との連携・接続と同様、学校レベルと比べて取り組み状況の差が大きく開いている。ただし、社会との連携・接続については、教科の特性もあり、具体的な取り組みのあり方には教科によって大きな違いが見られた。

たとえば、「グローバル社会とのつながりを意識した授業等」では外国語科が29・4%、「政治や行政とのつながりを意識した授業等（議員や議会、裁判所、市町村の役所、選挙管理委員会、市民団体との連携など）」では地歴・公民科が39・5%と、取り組みの割合が他の教科と比べて大幅に高くなっている（資料20）。

ポイント
大学との連携・接続と同様、社会との連携・接続を意識した取り組みも、学校レベルでの取り組みが進められている。

資料 20　**教科レベルでの社会との連携・接続**（複数選択）

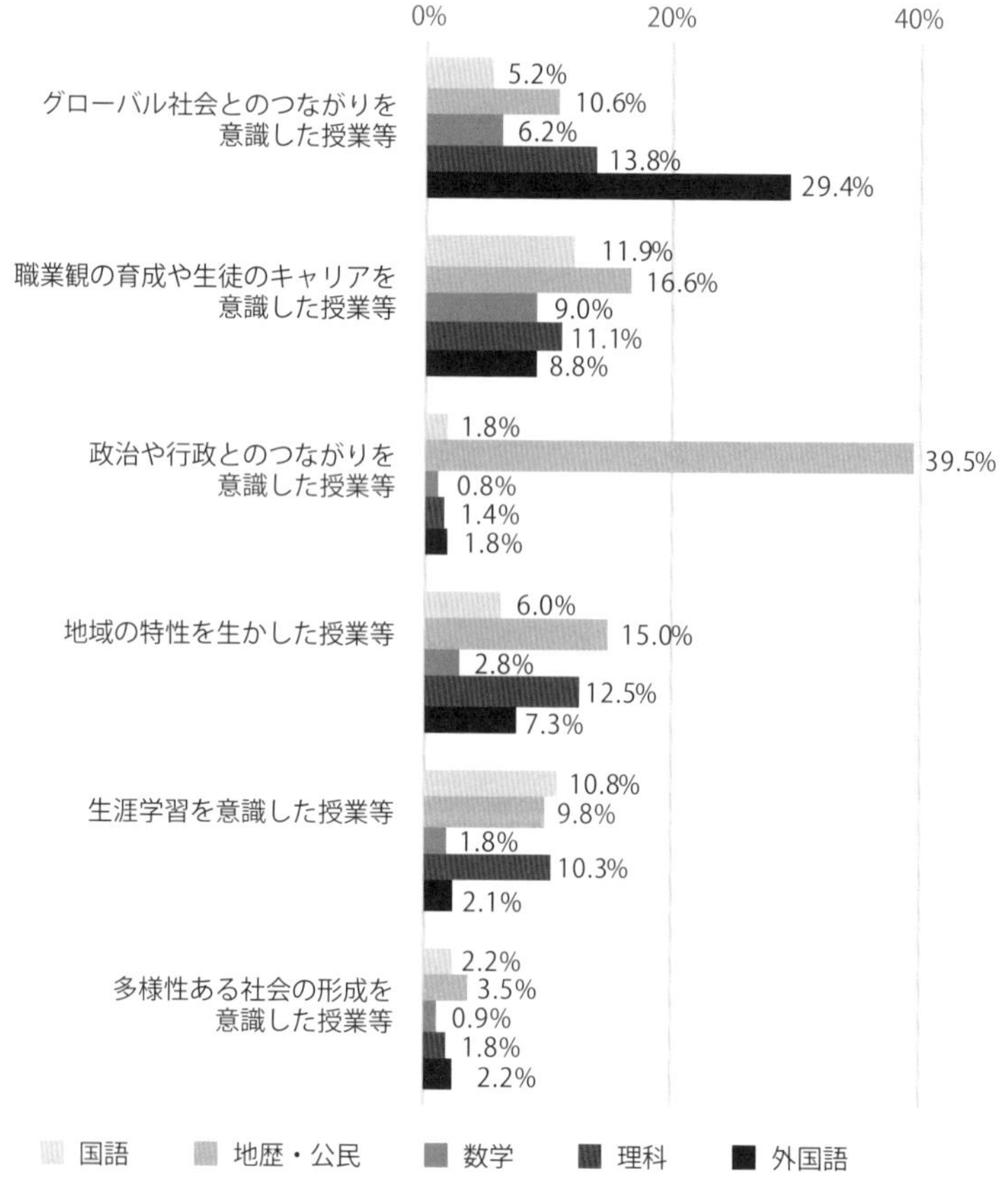

アクティブラーニングの推進には、カリキュラム・マネジメントが効く？

ここまで、2015年度調査と2017年度調査の結果をもとに、全国の高校におけるアクティブラーニングの実態を明らかにしてきた。アクティブラーニングの実施にともなって悩みや課題も見えてきたが、全体として、アクティブラーニングは着実に広まり、組織的な取り組みも増えてきたことが明らかになった。理論と実践の両面において様々な知見が蓄積されつつあり、高校教育におけるアクティブラーニングへの取り組みは一定の成果をみたと言えるかもしれない。そうしたなかで、アクティブラーニングのさらなる推進に向けて、次の一歩をどのように踏み出せばいいのか、考えあぐねている先生方も少なくないのではないだろうか。

そこで、本プロジェクトが注目したのが、カリキュラム・マネジメントである。まずは、資料21と資料22をご覧いただきたい。これらは、回答のあった教科をカリキュラム・マネジメントの取り組みの程度によって上位25％と下位25％に分け、アクティブラーニングの実施率（資料21）と効果（資料22）について、両者にどのような違いがあるかを示したものである[10]。

資料を見ると、カリキュラム・マネジメントの取り組みの程度上位群ではアクティブラーニングの実施率が65・6％であるのに対し、下位群では33・4％となっており、実施率に大きな違いがあることがわかる。また、アクティブラーニングの効果に関しても、カリキュラム・マネジメント下位群よりも上位群の方が、全体的に大きな効果を実感している。つまり、カリキュラム・マネジ

資料21　カリキュラム・マネジメントへの取り組みの程度とAL実施率

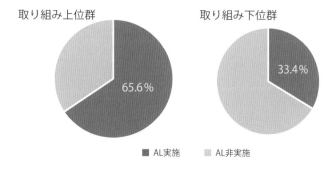

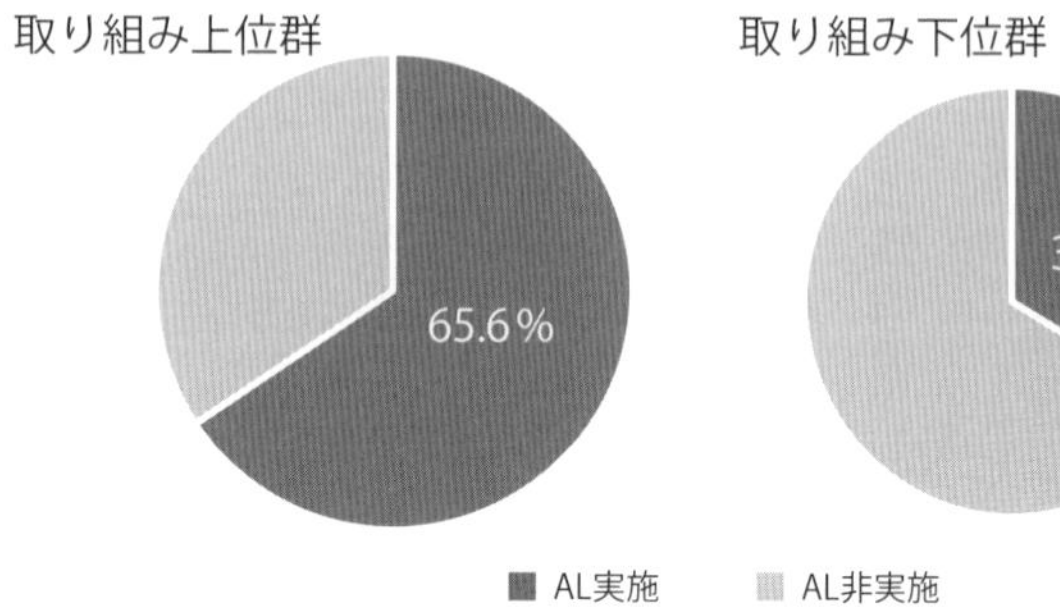

資料22　カリキュラム・マネジメントへの取り組みの程度とALの効果

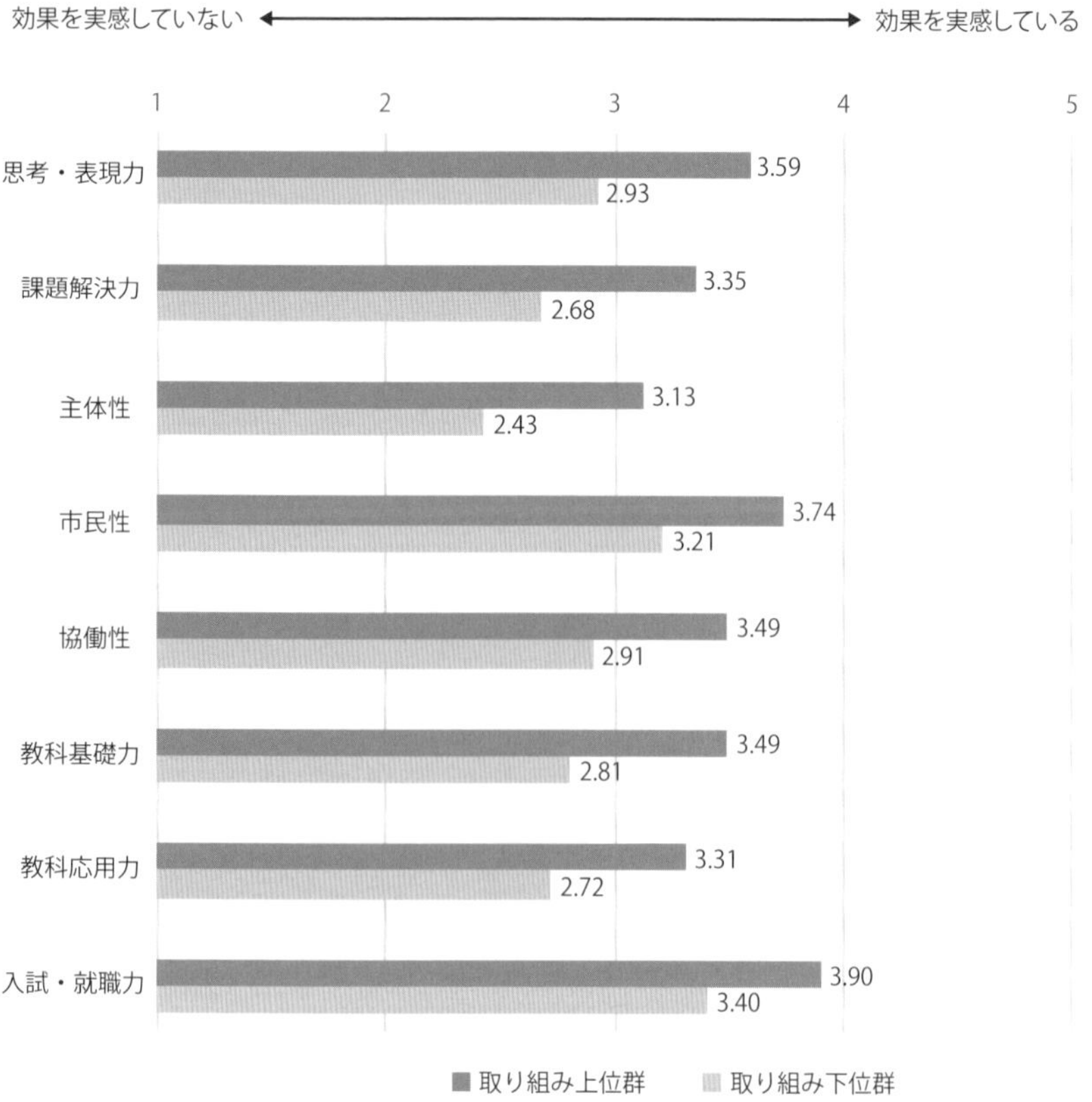

メントへの取り組みは、アクティブラーニングの実施や効果的なアクティブラーニングの実現につながっていると考えられるのである。

　これには、二つの理由が考えられる。一つは、カリキュラム・マネジメントがうまく機能している学校では、教育活動がやりっ放しにされず、きちんと評価をしたうえでさらなる改善につなげるというサイクルができているため、アクティブラーニングの質の向上につながっているのではないか、ということ。もう一つは、カリキュラム・マネジメントへの取り組みは、授業改善を個々の先生方の努力まかせにせず、そうした試みを組織的に支え、学校ぐるみで力強く推進していくための仕組みづくりにつながっているのではないか、ということである。

カリキュラム・マネジメントとは

　こうして、アクティブラーニングをさらに推進していく際には、カリキュラム・マネジメントが鍵になるのではないか、という仮説が生じてくる。実際、２０１５年８月の中央教育審議会（教育課程企画特別部会）による「論点整理」でも、「アクティブ・ラーニング」と「カリキュラム・マネジメント」を連動させる重要性が指摘されているし、２０１８年３月告示の次期学習指導要領でも、カリキュラム・マネジメントは「主体的・対話的で深い学び」とともに、その重要性が述べられている。

　こうしたなかで、本プロジェクトでは２０１６年度調査以降、アクティブラーニングの実施を支えるものとしてカリキュラム・マネジメントに着目し、全国の高校におけるカリキュラム・マネジメントへの取り組み状況を調査してきた。

　だが、そもそもカリキュラム・マネジメントとは、具体的に何を指す言葉なのだろうか。まずは、文部科学省による定義を見てみよう。先述した中央教育審議会の「論点整理」では、カリキュラム・マネジメントについて、以下のように述べられている（傍線および強調は引用者による）。

教育課程とは、学校教育の目的や目標を達成するために、教育の内容を子供の心身の発達に応じ、授業時数との関連において総合的に組織した学校の教育計画であり、その編成主体は各学校である。各学校には、学習指導要領等を受け止めつつ、子供たちの姿や地域の実情等を踏まえて、各学校が設定する教育目標を実現するために、学習指導要領等に基づきどのような教育課程を編成し、どのようにそれを実施・評価し改善していくのかという「カリキュラム・マネジメント」の確立が求められる。

「社会に開かれた教育課程」の実現を通じて子供たちに必要な資質・能力を育成するという新しい学習指導要領等の理念を踏まえ、これからの「カリキュラム・マネジメント」については、以下の三つの側面から捉えられる。

①各教科等の教育内容を相互の関係で捉え、学校の教育目標を踏まえた**教科横断的な視点**で、その目標の達成に必要な教育の内容を組織的に配列していくこと。

②教育内容の質の向上に向けて、子供たちの姿や地域の現状等に関する調査や各種データ等に基づき、**教育課程を編成し、実施し、評価して改善を図る一連のPDCAサイクル**を確立すること。

③教育内容と、**教育活動に必要な人的・物的資源等**を、地域等の**外部の資源も含めて**活用しながら効果的に組み合わせること。

ここでは、各学校が教育課程の編成主体であり、各学校が子どもや地域の実情を把握したうえで学校教育目標を設定することを前提としつつ、そうした学校教育目標の実現に向けて、教育課程を編成・実施・評価・改善していくことを「カリキュラム・マネジメント」と定義している。さらに、カリキュラム・マネジメントの三つの側面として、①これからの社会で生きていく子どもたちに必要な資質・能力を教科横断的な視点で育成していくこと、②教育課程を編成し実施するだけではなく、実施された教育課程について評価し、改善につなげていくこと、③学校内外のリソースを活用して教育活動を行っていくこと、が挙げられている。

「カリキュラム」は、しばしば「教育課程」と訳される。教育課程といえば、学校の教育活動全体の基幹となる計画であるが、一般的には「学校教育目標の実現に向けて各学年・各教科等に必要な授業時数を配列したもの」がイメージされるかもしれない。しかし、広義の「カリキュラム」には、授業時数だけでなく、授業内容や指導方法なども含まれている。ここで、文部科学省による「カリキュラム・マネジメント」の定義を見てみると、念頭に置かれているのはこうした広義の「カリキュラム」であることが読み取れる。カリキュラム・マネジメントは、教育活動全体を計画・実施・評価・改善していくものであり、管理職だけではなく、教科ごとや授業ごとなど、教員一人ひとりが様々なレベルにおいて取り組むことが必要なのである。

以上のことから、２０１７年度の全国調査では、学校レベルでのカリキュラム・マネジメントについてはカリキュラム・マネジメント担当者(一部学校代表者)に、教科レベルのカリキュラム・マネジメントについては教科主任の先生方に尋ねた。具体的には、大きく分けて、①**教科・科目横断的、統合的な取り組み**、②**カリキュラム・マネジメント全般への取り組み状況**(特色あるカリキュラム編成、目標達成に向けたPDCAサイクルの推進、学校内外のリソース活用)、③**カリキュラム・マネジメントに関わる職務行動**、④**カリキュラム・マネジメントの悩み**の四つに関して実態把握を試みている。

ポイント

文部科学省の定義によれば、カリキュラム・マネジメントとは「学校教育目標の実現に向けて、教育課程を編成・実施・評価・改善していくこと」であり、①教科横断、②ＰＤＣＡサイクル、③学校内外のリソース活用という三つの面から捉えられる。こうした広義のカリキュラム・マネジメントには、管理職だけではなく、様々なレベルでの取り組みが欠かせない。

学校レベルのカリキュラム・マネジメントは誰が担っているか

調査結果の紹介に入る前に、カリキュラム・マネジメントについて中心となって取り組んでいるのは、どのような職階・職務の先生方なのかを示しておきたい。

教科レベルでのカリキュラム・マネジメントについては、教科主任の先生方が要となっていることが想像に難くないが、学校レベルではどうか。

２０１７年度調査の結果をみると、学校全体のカリキュラム・マネジメント担当者、すなわち、学校教育目標に向けた教育課程の研究開発・評価・改善について、実質的に最もその任にあたっている先生は、「教務主任」が78・4％で最も多く、次いで「副校長」「教頭」が合わせて９・８％であった（資料23）。

また、カリキュラム・マネジメント担当者のキャリアについて見てみると、教職経験年数の平均は25・７年で、教科主任→教務主任（教科主任を経た教員が教務主任として担当している）、様々な主任→教務主任

資料23　カリキュラム・マネジメント担当者の職階・職務

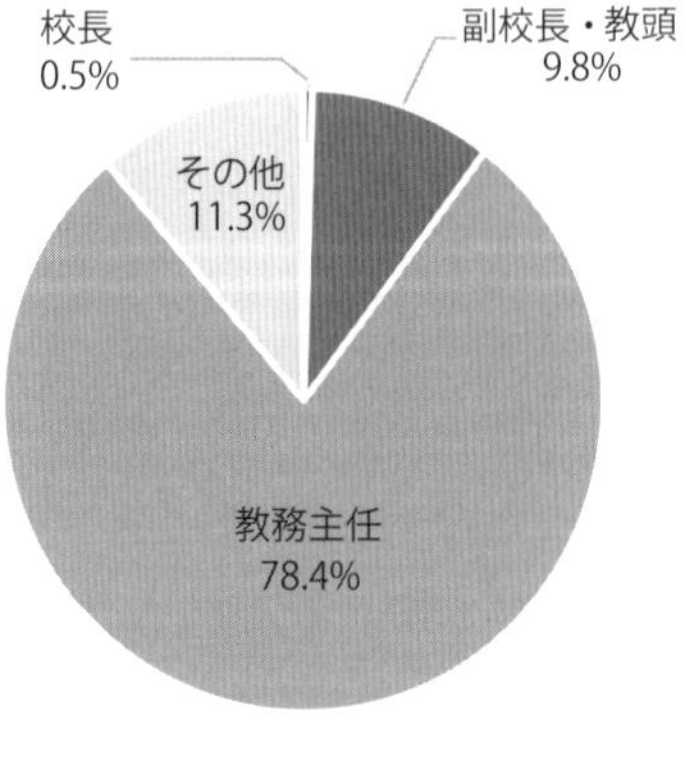

（様々な主任を経た教員が教務主任として担当している）、様々な主任→教頭・学科長（様々な主任を経た教員が教頭・学科長として担当している）という、大きく三つのタイプに分かれていた。このうち、最も多かったのは「様々な主任→教務主任」タイプで58・5％であった。

これらの結果から、多くの高校では教務主任が学校全体のカリキュラム・マネジメントを中心的に担っており、とりわけ、様々な主任を経験したうえで教務主任になった先生が担当となる場合が多いことがわかる。

ポイント
学校レベルのカリキュラム・マネジメントは、教務主任が担当している学校が多い。

教科・科目横断的、統合的な取り組み

それではさっそく、高校におけるカリキュラム・マネジメントへの取り組み状況について見ていこう。

まず、「教科・科目横断的、統合的な取り組み」についてである。先述した文部科学省による定義のなかで、カリキュラム・マネジメントの三つの側面のうち一つ目に挙げられているのが、「教科横断的視点から、教育内容を組織的に配列すること」であった。学校教育目標や「育てたい力」を中心に考えてみると、そこで想定されている資質や能力は、必ずしも各教科が別個に教育活動を行うだけで達成できるものではなかったり、教科や科目の枠を越えて教育活動を考えた方がより効果的に達成できるものだったりするのではないだろうか。育てたい力が、（アクティブラーニングによって形成することが期待されているような）コミュニケーション能力や批判的思考力といった汎用的な能力であるなら、なおさらだろう。高校は他の学校種と比べて、教育活動だけでなく教員組織の面から見ても、教科の枠組みが強いといわれることが多い。だが、これからの社会で求められる資質や能力を育てるという点から考えると、教科や科目の枠組みを前提にし

たカリキュラムのあり方を見直し、教育内容を精査し、連携協力を進めていくことが重要なのである。

　実際の取り組み状況を見てみると、学校全体での教科・科目横断的取り組みについては、「教科横断的・統合的な取り組みがある」が46・0%、「科目横断的・統合的な取り組みがある」が13・2%、「本校ではまったく取り組まれていない」が47・7%であった。約半数の学校で何らかの取り組みがなされており、科目横断的な取り組みと比べて教科横断的な取り組みがより進んでいることがわかる（資料24）。

　調査では、何らかの取り組みがあると回答した学校に対して、その具体的な形態と単位についても尋ねて

資料24　学校全体での教科・科目横断的、統合的な取り組みの状況
（複数選択）

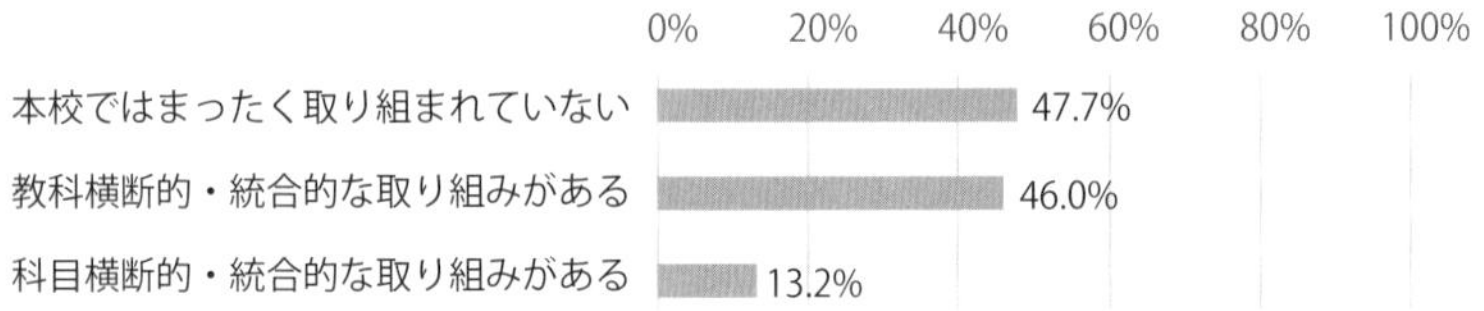

資料25　学校全体での教科・科目横断的、統合的な取り組みの形態
（複数選択）

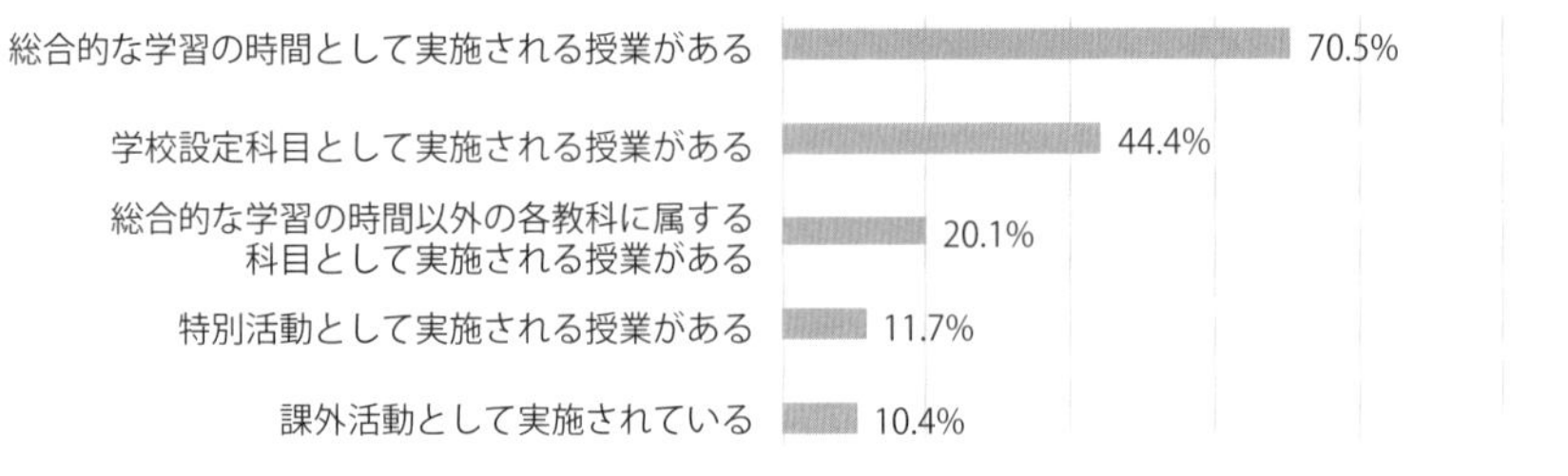

いる。その結果、取り組みの形態としては、「総合的な学習の時間として実施される授業がある」（70・5％）が最も多く、「学校設定科目として実施される授業がある」（44・4％）が続いた（資料25）。また、取り組みの単位としては、「学校として組織的に取り組んでいる」（73・9％）という回答が最も多かった。これは、取り組みの形態で見られた傾向（総合的な学習の時間や学校設定科目が多い）に対応していると言える。

　教科・科目横断的、統合的な取り組みは、教科や科目を担当する先生方が個々に実施するというよりも、学校全体の方針として組織的に進めている学校が多いと言えるだろう。

ポイント

約半数の高校で何らかの教科・科目横断的、統合的な取り組みがなされている。総合的な学習の時間や学校設定科目など、学校全体の方針として取り組みを進めている学校が多い。

カリキュラム・マネジメント全般への取り組み状況

　前項では、カリキュラム・マネジメントに含まれる複数の側面のうち、とりわけ「教科・科目横断的、統合的な取り組み」について調査した結果をご紹介した。ここでは、全国の高校におけるカリキュラム・マネジメント全般への取り組み状況を見ていきたい。

　先述したように、２０１７年度調査では、学校レベルおよび教科レベルでのカリキュラム・マネジメント全般への取り組み状況について、「特色あるカリキュラムの編成」「目標達成に向けたＰＤＣＡサイクルの推進」「学校内外のリソース活用」の三つの観点から尋ねている。具体的な質問項目は、資料26の通りである。

　その結果、学校レベルでは、「特色あるカリキュラム編成」に関して、特色ある学校教育目標の編成には93・4％、授業時数の工夫には90・6％、特色ある教育活動の展開には90・2％と、全体として9割を超える学校が取り組んでいた。次に、「目標達成に向けたＰＤＣＡサイクルの推進」については、教科・科目横断的、統合的な視点に立った教科・科目の実施に61・7％、学校教育目標の達成を意識づける仕組みづくり（研修や研究会、組織体制など）に64・5％、教育課程の評価・改善を行う仕組みづくりに52・8％の学校が取り組んでいた。また、「学校内外のリソース活用」として、学校内のリソース活用には76・5％、学校外のリソース活用には69・7％と、約7割の学校が取り組んでいることがわかった[11]（資料27）。

教科レベルでは、「特色あるカリキュラム編成」に関して、特色ある教科目標の設定には57・4％、授業時数の工夫には64・0％、特色ある教育活動の展開には53・7％と、全体として約6割の教科が取り組んでいた。次に、「目標達成に向けたPDCAサイクルの推進」として、教科・科目横断的、統合的な視点に立った科目・授業の実施に38・4％、学校教育目標の達成を意識づける仕組みづくりに36・0％、指導計画や授業内容の評価・改善を行う仕組みづくりに38・9％の教科が取り組んでいた。また、「学校内外のリソース活用」については、学校内のリソース活用には53・2％の教科が取り組んでいた一方で、学校外のリソース活用には、教科によって違いはあるものの、教科全体としては21・5％が取り組むにとどまっていた[12]（資料28）。

カリキュラム・マネジメントに取り組む学校は多いものの、「目標達成に向けたPDCAサイクルの推進」、とりわけ教育課程ないし教育活動の評価・改善には課題が残ると言える。また、学校レベルと比べると、教科レベルでの取り組みは低調であることがわかった。教科レベルにおいても、カリキュラム・マネジメントへの取り組みを推進していくことが重要になる。

ポイント

多くの高校で、カリキュラム・マネジメントへの取り組みが進められている。ただし、PDCAサイクルの推進（とりわけ、評価・改善）と、教科レベルでの取り組みには課題が残る。

資料26 カリキュラム・マネジメント全般への取り組み状況に関する調査項目（学校レベル／教科レベル）

特色あるカリキュラムの編成

・学校教育目標/教科目標は、学校の実態や学校を取り巻く状況を踏まえ、特色あるものとなっている。

・教育課程/教科の指導計画や授業内容は、学校教育目標の達成を意識し、授業時数の配当に工夫が加えられている。

・学校教育目標の達成を意識した、特色ある教育活動が展開されている。

目標達成に向けたPDCAサイクルの推進

・学校教育目標の達成を意識した、教科・科目横断的、統合的な視点に立った教科・科目/科目・授業 が実施されている。

・各教員が学校教育目標の達成を常に意識しながら教育・指導を行うよう働きかける仕組みがある（研修や研究会、組織体制など）。

・教育活動の結果を評価し、根拠に基づいて教育課程/指導計画や授業内容の改善を行う仕組みがある。

学校内外のリソース活用

・教育活動に必要な人的・物的資源について、学校内の資源を十分に活用し、効果的に組み合わせた教育活動が行われている（学校内の施設設備の活用や、教職員などの人材の活用など）。

・教育活動に必要な人的・物的資源について、学校外の資源を十分に活用し、効果的に組み合わせた教育活動が行われている（地域、NPO等の活動団体、大学、行政等の施設設備や人材の活用など）。

資料27　学校レベルでのカリキュラム・マネジメント全般への取り組み状況

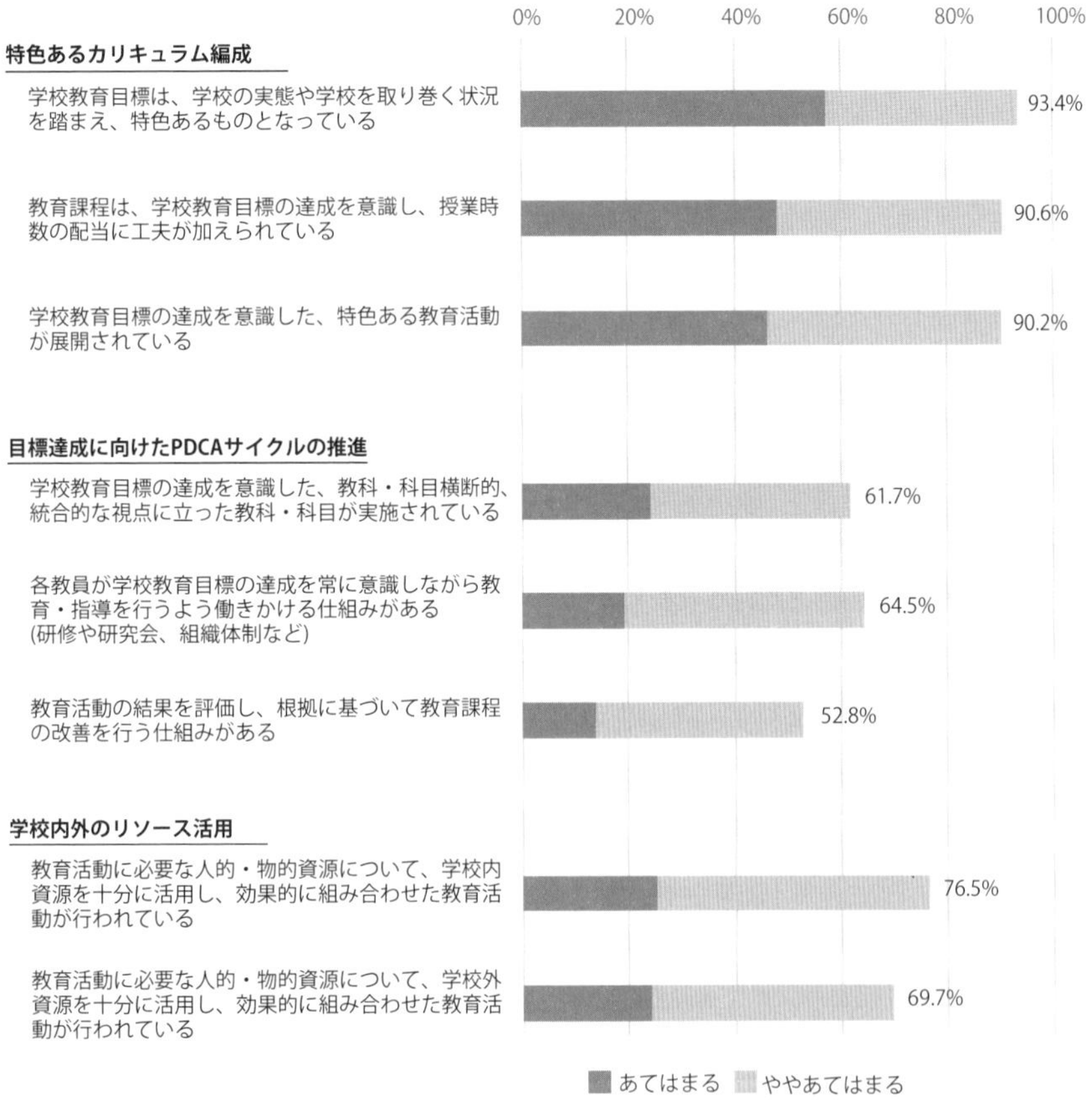

0%
20%
40%
60%
80%
100%
特色あるカリキュラム編成
学校教育目標は、学校の実態や学校を取り巻く状況を踏まえ、特色あるものとなっている
93.4%
教育課程は、学校教育目標の達成を意識し、授業時数の配当に工夫が加えられている
90.6%
学校教育目標の達成を意識した、特色ある教育活動が展開されている
90.2%
目標達成に向けたPDCAサイクルの推進
学校教育目標の達成を意識した、教科・科目横断的、統合的な視点に立った教科・科目が実施されている
61.7%
各教員が学校教育目標の達成を常に意識しながら教育・指導を行うよう働きかける仕組みがある(研修や研究会、組織体制など)
64.5%
教育活動の結果を評価し、根拠に基づいて教育課程の改善を行う仕組みがある
52.8%
学校内外のリソース活用
教育活動に必要な人的・物的資源について、学校内資源を十分に活用し、効果的に組み合わせた教育活動が行われている
76.5%
教育活動に必要な人的・物的資源について、学校外資源を十分に活用し、効果的に組み合わせた教育活動が行われている
69.7%
あてはまる
ややあてはまる

資料 28　教科レベルでのカリキュラム・マネジメント全般への取り組み状況

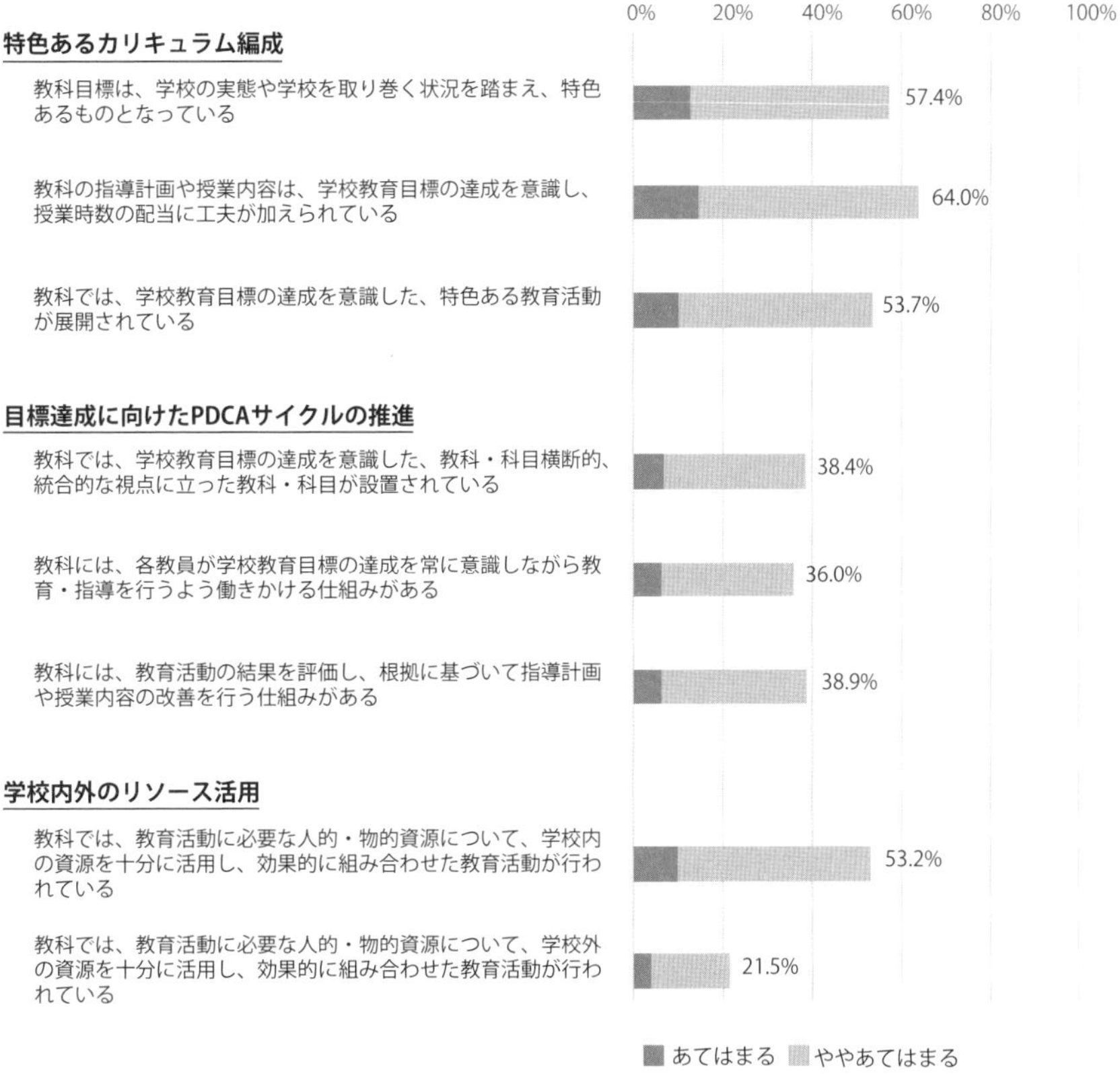

0%
20%
40%
60%
80%
100%
特色あるカリキュラム編成
教科目標は、学校の実態や学校を取り巻く状況を踏まえ、特色あるものとなっている
57.4%
教科の指導計画や授業内容は、学校教育目標の達成を意識し、授業時数の配当に工夫が加えられている
64.0%
教科では、学校教育目標の達成を意識した、特色ある教育活動が展開されている
53.7%
目標達成に向けたPDCAサイクルの推進
教科では、学校教育目標の達成を意識した、教科・科目横断的、統合的な視点に立った教科・科目が設置されている
38.4%
教科には、各教員が学校教育目標の達成を常に意識しながら教育・指導を行うよう働きかける仕組みがある
36.0%
教科には、教育活動の結果を評価し、根拠に基づいて指導計画や授業内容の改善を行う仕組みがある
38.9%
学校内外のリソース活用
教科では、教育活動に必要な人的・物的資源について、学校内の資源を十分に活用し、効果的に組み合わせた教育活動が行われている
53.2%
教科では、教育活動に必要な人的・物的資源について、学校外の資源を十分に活用し、効果的に組み合わせた教育活動が行われている
21.5%
あてはまる
ややあてはまる

カリキュラム・マネジメントに関わる職務行動

次に、カリキュラム・マネジメントに向けて、カリキュラム・マネジメント担当者および教科主任の先生方が、具体的にどのような職務行動をとっているのかを見ていこう。

２０１７年度のカリキュラム・マネジメント担当者調査および教科主任調査の回答を整理すると、カリキュラム・マネジメント担当者がとっている職務行動は、「カリキュラムの編成・実施・評価・改善」「教務関連の連絡・調整」「方針の周知」「自律的な組織づくり」「教員に対する成長機会の提供」「リソース獲得への働きかけ」の五つのカテゴリに、教科主任がとっている職務行動はそこから「教務関連の連絡・調整」を除いた四つのカテゴリに分かれた。具体的な質問項目は、資料29の通りである。

学校レベルのカリキュラム・マネジメントに向けて、カリキュラム・マネジメント担当者として「力を入れて取り組んでいる」と回答した職務行動は、「学習指導要領に従って教科・科目の単位数や時数を適切に設定する」（65・1%）が最も多く、次いで「学校の実態や学校を取り巻く状況に関する情報を収集し、学校の現状を多面的に把握する」（63・7%）、「学校教育目標の達成に向けて、教科・科目横断的、統合的な視点に立って、特色ある教育課程（時数・教育内容の調整）や学校経営計画の編成に積極的に関わる」（56・8%）であった。

反対に、「力を入れて取り組んでいる」という回答が少なかった項目として、「国や自治体、学校の教育方針についての理解を深めるような研修や研究会を企画する」（16・9%）、「地域、企業、NPO等の外部の協力を得ながら教育活動を行う」（23・7%）、「新しい教育方法や先進的な実践事例についての理解を深めるような研修や研究会を企画する」（26・1%）が挙げられた[13]。

一方、教科レベルのカリキュラム・マネジメントに向けて、教科主任として「力を入れて取り組んでいる」と回答した職務行動は、「教員間の

資料29　カリキュラム・マネジメントに関わる職務行動に関する調査項目
（カリキュラム・マネジメント担当者／教科主任）

カリキュラムの編成・実施・評価・改善

・学校の実態や学校を取り巻く状況に関する情報を収集し、学校の現状を多面的に把握する。
・生徒の意見や要望等を収集し、教育課程や学校経営計画に積極的に反映させる。／教育活動の充実を図る。
・保護者、地域、関係機関等の状況や意見、要望等を収集し、教育課程や学校経営計画に積極的に反映させる。／教育活動の充実を図る。
・学校の実態や学校を取り巻く状況を踏まえた学校教育目標／教科目標の策定や、その実現に向けた経営戦略の構築に積極的に関わる。
・学校教育目標の達成に向けて、教科・科目横断的、統合的な視点に立って、特色ある教育課程（時数・教育内容の調整）や学校経営計画の編成に積極的に関わる。／ 学校教育目標達成に向けた特色ある教育課程や学校経営計画の編成・実施に積極的に関わる。
・教育活動や学校運営の状況を客観的に把握した上で、根拠に基づいた評価・改善に努める。
・カリキュラム･マネジメント担当者／教科主任として､取り組むべき課題に優先順位をつけて､取捨選択する。

教務関連の連絡・調整（※カリマネ担当者のみ）

・学習指導要領に従って教科・科目の単位数や時数を適切に設定する。
・教育課程や学校経営計画の編成や改善のための会議を定期的に実施する。

方針の周知

・学校教育目標／教科目標について、教員がその背景や趣旨をよく理解できるよう、周知を図る。
・教育課程や学校経営計画／教科の指導計画や授業内容について、教員がその背景や趣旨、内容をよく理解できるよう働きかける。

自律的な組織づくり

・教員が教材研究や授業・単元開発に取り組むことができるよう仕組みをつくる。／環境整備を行う。
・日頃の教育活動の実施状況を把握し、教育課程や学校経営計画／教科の指導計画や授業内容の評価・改善に積極的に関わる。
・日常の職務やその他あらゆる機会を通じて、職務に必要な知識や技能、態度などについて具体的に指導・助言を行う。
・教員同士で支え合い、学びあえる職場づくりを行うための工夫をする。
・教員のロールモデルとして、自らの教育方法や指導技術を公開する。（※教科主任のみ）
・教員の学校運営／教科の運営に対する参画意識を高める工夫をする。
・教員間の関係性に配慮し、豊かなコミュニケーションを行えるような組織風土づくりを試みる。／教員間の豊かなコミュニケーションを促進するとともに、問題解決や合意形成が協働的に行われるようにする。
・教科間の調整が円滑に進むよう各教科の教員に事前に根回しする。（※カリマネ担当者のみ）

教員に対する成長機会の提供

・国や自治体、学校の教育方針についての理解を深めるような研修や研究会を企画する。
・新しい教育方法や先進的な実践事例についての理解を深めるような研修や研究会を企画する。

リソース獲得への働きかけ

・効果的な教育活動の実現に向けて、必要な人材を確保（採用や配置）できるよう管理職に働きかける。
・効果的な教育活動の実現に向けて、必要な施設設備を確保できるよう管理職に働きかける。
・地域、企業、NPO 等の外部の協力を得ながら教育活動を行う。

豊かなコミュニケーションを促進するとともに、問題解決や合意形成が協働的に行われるようにする」（41・3％）が最も多く、「生徒の意見や要望等を収集し、教育活動の充実を図る」（39・1％）、「教員同士で支え合い、学びあえる職場づくりを行うための工夫をする」（38・8％）と続いた。

反対に、回答の少なかった職務行動は、最も少ないものから「国や自治体、学校の教育方針についての理解を深めるような研修や研究会を企画する」（7・2％）、「地域、企業、NPO等の外部の協力を得ながら教育活動を行う」（9・3％）、「新しい教育方法や先進的な実践事例についての理解を深めるような研修や研究会を企画する」（12・0％）と、カリキュラム・マネジメント担当者とまったく同じ項目が挙げられている[14]。

全体として、「力を入れて取り組んでいる」と回答した割合は、教科主任に比べて、カリキュラム・マネジメント担当者が相対的に高くなっており、カリキュラム・マネジメントに関わる職務行動をより積極的にとっているものと言えるだろう。一方で、カリキュラム・マネジメント担当者、教科主任ともに、「教員に対する成長機会の提供」と外部リソース獲得への働きかけは、あまりなされていないことがわかった。

ポイント

カリキュラム・マネジメントに関わる職務行動として、「カリキュラムの編成・実施・評価・改善」「方針の周知」「自律的な組織づくり」「教員に対する成長機会の提供」「リソース獲得への働きかけ」（カリキュラム・マネジメント担当者の場合、これらに加えて「教務関連の連絡・調整」）が行われている。ただし、「教員に対する成長機会の提供」と外部リソース獲得への働きかけについては、「力を入れて取り組んでいる」割合が下位にとどまっている。

カリキュラム・マネジメントの悩み

では、カリキュラム・マネジメントを進めていくにあたって、先生方自身はどのような課題を感じているのだろうか。最後に、カリキュラム・マネジメントの悩みを見てみよう。なお、本調査では、学校レベルでの悩みについてはカリキュラム・マネジメント担当者に、教科レベルでの悩みについては教科主任に尋ねている（資料30）。

その結果、学校レベルでは、「各教科の時数や教育内容に関する要望を調整するのが難しい」（48・3％）、「教育課程・教育活動を改善するための施設設備が足りない」（46・4％）、「教科・科目横断的、統合的な取り組みをしたいが、各教科・科目の人員や教材を融通しあうのが難しい」（44・1％）という悩みが上位に挙がった[15]。これらの回答からは、多くの学校で、教科間の調整や連携の難しさ、施設設備不足、評価・改善への取り組みに悩みを抱えている様子がうかがえる。

また、教科レベルでは、「指導計画や授業内容を評価・改善するための時間を確保できない」（56・0％）、「教科を越えた連携ができていない」（50・8％）、「指導計画や授業内容を改善するための施設設備が足りない」（47・9％）という悩みが上位に挙がった[16]。

教科レベルでも、評価・改善のための時間確保、教科を越えた連携、施設設備不足などに悩みを抱えているようである。

ポイント

学校レベル・教科レベルともに、教科間の連携や調整、施設設備不足、評価・改善のための時間確保に悩みを抱えている。

ここまで、アクティブラーニング推進の鍵となるカリキュラム・マネジメントについて、全国の高校における取り組みの実態を見てきた。

本章の冒頭で、カリキュラム・マネジメントへの取り組みの程度によって、アクティブラーニングの実施率や効果に大きな違いが生じるこ

資料30　カリキュラム・マネジメントの悩みトップ5（複数選択）

学校レベル

1	各教科の時数や教育内容に関する要望を調整するのが難しい	48.3%
2	教育課程・教育活動を改善するための施設設備が足りない	46.4%
3	教科・科目横断的、統合的な取り組みをしたいが、各教科・科目の人員や教材を融通しあうのが難しい	44.1%
4	教育課程・教育活動を評価・改善するための時間を確保できない	42.9%
5	教科を越えた連携ができていない	38.3%

教科レベル

1	指導計画や授業内容を評価・改善するための時間を確保できない	56.0%
2	教科を越えた連携ができていない	50.8%
3	指導計画や授業内容を改善するための施設設備が足りない	47.9%
4	各教員の時数や教育内容に関する要望を調整するのが難しい	41.3%
5	生徒の実態や学校を取り巻く環境を踏まえて学校の特色を出すのが難しい	38.4%

とを示唆する資料を示した。だが、実は、カリキュラム・マネジメントはアクティブラーニングに「だけ」効くわけではないこともわかっている。まずは、資料31をご覧いただきたい。

これは、回答のあった教科をカリキュラム・マネジメントの取り組みの程度によって上位25％と下位25％に分け、「生徒の学び」全般（アクティブラーニングの効果にとどまらない）について、両者でどう異なるかを示したものである。本資料からは、カリキュラム・マネジメント下位群よりも上位群の方が、全体として「生徒の学び」を肯定的に捉えていることが読み取れる。カリキュラム・マネジメントへの取り組みは、

資料31　カリキュラム・マネジメントへの取り組みの程度と生徒の学び

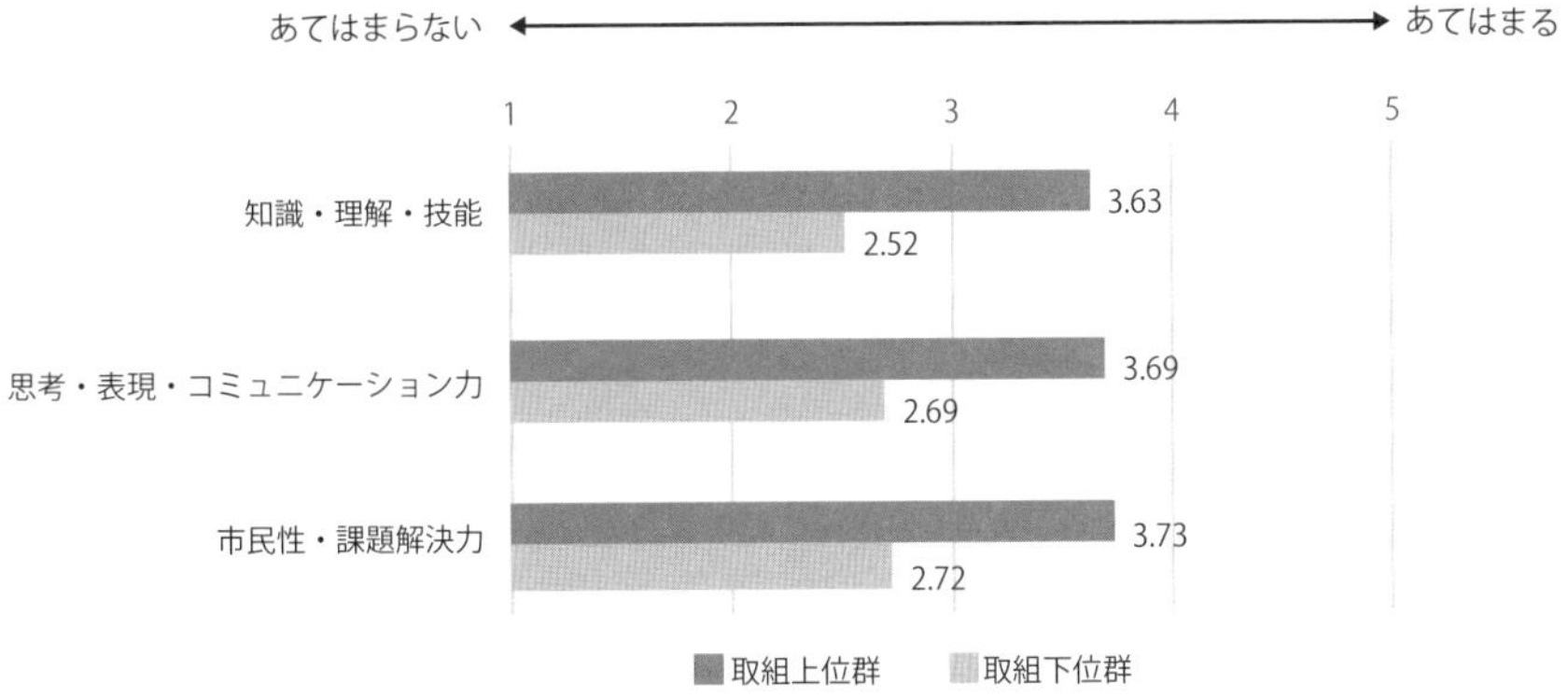

アクティブラーニングの実施や効果的なアクティブラーニングの実現だけでなく、より広く「生徒の学び」にポジティブな影響を与えているのではないかと考えられるのである。

　これらの調査結果が意味するところは、より質の高い教育活動や授業改善への取り組みを組織的に支え、学校全体で推進していくことの重要性なのではないだろうか。やや乱暴なまとめ方になるが、のべ5万人のデータから見えてきたのは、学校が「組織」として教育活動に取り組むことの重要性であった、と言うこともできるだろう。

　さて、第Ⅱ部では、全国調査の結果をもとに、全国の高校における授業改善の実態を明らかにしてきた。「高校教育の今」についてのイメージは、より明確なものになっただろうか。だが、全国調査の結果からだけでは、答えが決まらないこともある。それは、「これから」どうするかということである。「これから」をめぐる問いへの応答は、共有された実態（今）をもとに、〈対話〉することによってしか始められないだろう。

　第Ⅲ部では、こうした〈対話〉の一つの例として、研究者および教員の鼎談の様子を採録した。また、各鼎談の後には、最新の〈事例〉も取り上げている。〈対話〉と〈事例〉から、「これから」の高校教育を考えてみよう。

【注】

1　文中および図表中の個々の数値は、四捨五入をしたものを表記している。そのため、百分率の合計が１００％に満たないものや超えるものがある。

2　「すでに取り組んでおり、今後はより充実させていく予定である」「すでに取り組んでおり、今後も維持していく予定である」「すでに取り組んでいるが、今後は縮小していく予定である」の合計。

3　「すでに取り組んでおり、今後はより充実させていく予定である」「すでに取り組んでおり、今後も維持していく予定である」「すでに取り組んでいるが、今後は縮小していく予定である」の合計。

4　「生徒の力の向上に効果的な学習である」という回答は、学校代表者で68・1％、教科主任で54・9％であった。また、「積極的に取り組むべき学習である」という回答は、学校代表者で52・1％、教科主任で36・4％となっている。（複数回答）

5　パーセントは、「とても力を入れて取り入れている」「力を入れて取り入れている」「取り入れている」の合計。

6　パーセントは、いずれも「あてはまる」「ややあてはまる」の合計。

7　パーセントは、「あてはまる」「ややあてはまる」の合計。

8　パーセントはすべて教科全体の割合。

9　パーセントはすべて教科全体の割合（複数回答）。

10　「カリキュラム・マネジメントの取り組みの程度」「アクティブラーニングの実施率」「アクティブラーニングの効果実感」ともに、２０１７年度教科主任調査をもとにしている。

11　パーセントは「あてはまる」「ややあてはまる」の合計。

12　パーセントは教科全体での「あてはまる」「ややあてはまる」の合計。

13　パーセントは「力を入れて取り組んでいる」「とても力を入れて取り組んでいる」の合計。

14　パーセントは教科全体での「力を入れて取り組んでいる」「とても力を入れて取り組んでいる」の合計。

15　パーセントは「あてはまる」「ややあてはまる」の合計。

16　パーセントは「あてはまる」「ややあてはまる」の合計。

【参考文献】

木村充、小山田建太、山辺恵理子、田中智輝、村松灯、中原淳（２０１６）「高等学校におけるアクティブラーニングの視点に立った参加型授業に関する実態調査２０１５：最終報告書」（東京大学―日本教育研究イノベーションセンター共同調査研究）http://manabilab.jp/wp/wp-content/uploads/2016/12/finalreport.pdf

木村充、裴麗瑩、小山田建太、伊勢坊綾、村松灯、田中智輝、山辺恵理子、町支大祐、渡邉優子、中原淳（２０１７）「高等学校におけるアクティブラーニングの視点に立った参加型授業に関する実態調査２０１６：最終報告書」（東京大学―日本教育研究イノベーションセンター共同調査研究）http://manabilab.jp/wp/wp-content/uploads/2017/12/finalreport.pdf

木村充、村松灯、田中智輝、町支大祐、渡邉優子、裴麗瑩、吉村春美、高崎美佐、中原淳（２０１８）「高等学校におけるアクティブラーニングの視点に立った参加型授業に関する実態調査２０１７：報告書」（立教大学―日本教育研究イノベーションセンター共同調査研究）http://manabilab.jp/wp/wp-content/uploads/2018/10/report.pdf

III

対話と事例から見えてきた
高校教育のこれから

鼎談

研究者が語る高校教育のこれから

安彦忠彦先生
（中等教育のカリキュラム学と教育課程論）

×

田中義郎先生
（比較・国際高等教育学）

×

溝上慎一先生
（青年心理学・高等教育）

本章では、まず研究者の先生方をお迎えして、「これからの高校教育」をテーマにそれぞれの観点からお話しいただいた。

本日は3名の研究者にお集まりいただきました。お三方のご専門は、安彦忠彦先生が中等教育のカリキュラム学と教育課程論、田中義郎先生が比較・国際高等教育学、溝上慎一先生が青年心理学・高等教育です。

安彦先生には歴史的視点から、田中先生には国際的視点から、溝上先生には学校から仕事・社会へのトランジション（移行）の視点から、お話をいただきたいと思います。では、よろしくお願いいたします。

高校教育の多様化

さっそくですが、先生方は現在、日本の高校教育をどのように捉えていらっしゃいますか？

安彦　高校への進学率に注目すると、だいたい90％を超えた時点から高校は質の面で多様化せざるをえなくなっています。いわゆる学校間格差も話題にあがるようになりました。歴史的には、進学率90％を超えた1974年から1975年頃が非常に重要な年だと思っています。

その後1977（昭和52）年の学習指導要領の改訂によって、後期中等教育の多様化が進められ、これからは「高校教育の質が問題だ」と言われたわけです。2010年には高校進学率が98％となり、高校が準義務教育機関だと言われるようになりました。

田中　戦後の高校教育は、全員に同じカリキュラムを与えて、そのなかで競わせるというシステムでしたが、そういったシステムにはすでに無理が生じていると感じます。

　これまでずっとやってきた学力を量で測るボリューム・テスティングという時代から、質で測るクオリティー・テスティングの時代への移行の時期に入っているのだと思います。その学力を規定するものは、政策に導かれるもの、学校の教育理念に基づくもの、市場に導かれるものなど様々あると思いますが。

　そもそも、日本の教員は自分たちの学校に入ってくる学習者集団の特徴について考えているのかな？　たとえば、アメリカの大学では、これから育てていく学生を4年間でどう育てていくか、どういう学生集団として世に出していくかということをあらかじめ想定していて、カリキュラムやクオリティのマネジメントについてきちんと考えられています。これは高校でも同じだと思います。

溝上　今まで築かれてきた知識偏重の風潮をどのように捉え直すか、きちんと議論する必要がありますよね。学齢人口がどんどん減っていくなかで、今までのテスト文化、あるいは知識偏重の風潮を支えてきた画一的な教育をどう捉え直していくのか、ということです。

　今の時代、20代の終わりぐらいになってくると2人に1人は仕事を辞めています。そういうことも考えたら、「よい会社」に就職したなんてことでは人生は全然つくれなくて、就職先が「よい会社」であろうとなかろうと「何のために働くのか」「どうありたいのか」ということが問われ続けていく。これは、大変なことなのですけど、そういう時代なんです。

少子化が進行しているなかで、高校は統廃合の危機にも直面していると思うのですが、そういう時に、戦略的に特色を出していくことも必要になっていますよね。

溝上　これからの時代は、ただ大学合格実績がよいというだけでは高校は生き残っていかないし、特色も絶対必要だと思います。ただ、その特色がぼんやりしていたり、場合によってはなかったりするわけです。私は、高校の教育目標を数多く見てきましたが、表現が違うだけで教育目標自体はどの学校もあまり変わらないです。

安彦　日本では、公立学校は、国の教育政策の目指す目標にある程度制約されます。私立学校はかなり柔軟に考えられるけれども、公立学校であれば、どうしてもその枠のなかで特色を出さざるをえないので、結果として、どこも似てくるのはある意味当然と言えます。

溝上　そうですね。ただ、地方のしんどい公立高校などで、地域の課題と学校の課題がうまく重なって、お互い連携しながら特色ある教育活動を推し進めるような、先進的な事例も出てきていると思いますよ。

安彦　目標という点では、もちろん高校の先生たちは、自分の授業や教科の目標については考えていると思います。でも学校全体の目標についてはどうでしょう。これは学校だけでなく、日本では企業も同じで、目標は上から降りてくるものと思い込んで、現場はまったく考えていない、ということが起こっているようです。

田中　日本の高校の先生は、学習指導要領があるので、自分では目標が決められないと思い込んでいるのかもしれませんね。

溝上　今求められていることは、学校が、どういう生徒を育てたいかという目標や理念を持って、それに合わせてカリキュラムや授業を構造化していくことだと思います。問題解決ベースで、新しいものを作っていかねばならないという課題に応えることができるよう、必要な知識の習得の仕方も変えていかなくてはならないでしょう。

安彦　そういう意味では、これから学校は、今の姿をかなり変えていかざるをえなくなる。

「公立の学校はこうでなくてはならない」という枠組みが通用しなくなる日も近い、と思います。

準備教育か完成教育か

高校教育は今、転換期に来ているわけですね。では、高校が果たすべき役割とはどのようなものなのでしょうか？

安彦　それは高校教育が「完成教育」なのか「準備教育」なのかという昔からの論点につながっていると思います。

２００９年に大学・短大進学率が50％を超え、大学を選ばなければ希望者全員が大学に入れる時代に突入し、高等教育の大衆化・ユニバーサル化などと呼ばれています。社会的にも、「大学は就職のために必要だ」ということが当然のこととして浸透してきているのではないでしょうか。

高校の役割もまた、そうした風潮に応えることであると見られるようになっています。

高校未履修問題などで大学入試に向けた詰め込み型教育の弊害が指摘されるようになったにもかかわらず、むしろ「入試がそうなのだから仕方がない」とそれを正当化する状況が生まれています。高学歴社会化により高校の性質を問い直さなければいけなくなっているということです。

問うべきは、後期中等教育機関である高校は、社会へ出るうえでひと通りの人間形成を終えるところ（＝完成教育）なのか、それとも、さらに上の教育機関に進学する準備をするところ（＝準備教育）なのかという古典的な課題です。今の時点では少なくとも、大学入試への準備教育機関としての位置づけに重点が移ってしまったと言えるでしょう。

田中　準備のところでいうと、理念上は入試に合格すれば大学の学びにつながる基礎学力を得ていることになります。しかし、最近は「高校教育での学び」＝「大学教育の基礎」という発想も揺らいでいますよね。

安彦　学校教育法で規定されている高校教育の目的は、必ずしも大学入試に関係ありません。高校を卒業して就職していく子もいるわけですから、高卒であるということは必ずしも大学入学の準備を終えていることだとは言えないのです。

高校教育の目的が、「基礎はつくるものの、大学入学の準備まではしない」という点ははっきりしています。

一方で、田中先生のご指摘は大変重要です。「大学に入学して学ぶために必要な力を育てるのが『準備』である」というのが当初の準備教育のニュアンスだったのですが、今は「入試をクリアするための準備」という意味での準備教育に変わってしまっている。高校での学びというものを、そういう観点でしか見られなくなっているのです。

溝上　私もそこは主張点です。高校でやっておくべき準備を大学に持ち越して、「あとはがんばれよ」ではいけない。

これまで私が実施してきた調査からは、高校2年生時点で資質・能力に該当する能力を身につけていない生徒が、大学生になってから伸びるということはあまり望めないということが明らかになっています。

さらに、難関大学に入れば、確かに高年収を得られる比率は高いものの、一方で低年収層がいることもわかりました。要するに、社会に出た後はその人が持っている能力次第と言えます。

しかし、目の前の楽しさに溺れることなく、将来の見通しを持って日常生活を送ることができている人は、その後の資質・能力が向上していくことも私が行った「大学生のキャリア意識調査」からわかっています。

「準備教育」としての高校教育はイメージできるのですが、「完成教育」としての高校教育とは？

安彦　たとえば、18歳選挙権の時代に入った今、市民性の育成ということを考えるなら、完成教育の視点が改めて問われていると思います。

田中　確かに、高校を卒業してから成人するまで2年のタイムラグがあったことに対して、法令上、成年年齢が18歳となることは、高校教育の目標を考え直すよい契機になると思います。ただ、高校としては、教育の成果として、どうしても進学実績の方に目が向きやすいという側面もあります。

溝上　だから私はいつも、高校の先生たちに「いったい何のために教育しているのか」と問うんです。自分や学校の実績づくりのために子どもを集めて育てているわけではないですよね。子どもたちの将来を切に願って学校教育は行われるべきだという基本に立ち返ることが必要だと思うんです。これは理想論かもしれないけれども、理想を説き続けないといけないところだと思っています。

それから、高校は生徒が教員の影響を強く受ける最後の教育機関です。もちろん、大学や社会人になってからも影響を受けることはあると思いますが、あんなにまとまった単位で組織的な影響を受けるというのは、高校が最後でしょう。そういう意味でも「完成教育」と言っているわけです。

学力観と評価

では、高校で身につけるべき学力とはどのようなものでしょうか？

田中　そもそも、学力について考える際に前提となる状況がこれまでとは変わっています。今、大きなテーマになっているのは「グローバリゼーション」と「デジタリゼーション」だと思います。これまで国家と密接な関係にあった教育が、グローバリゼーションによって、国家の枠組みとは離れたところから進められるようになっています。それを支えているのがデジタリゼーションで、すでに教科書の枠も学校の境界も越えたところで学習が可能になっているんです。

つまり、学習は、学校や教室という限られたエリアから、教員との関係も飛び越えてフラットかつ地球規模で行われていて、国の教育システムだけが、その国の子どもたちを育てるシステムではなくなっているのです。

しかし、そこで子どもたちに必要とされる学力の定義についての議論が十分になされているとは言えません。学力はいまだに国内的な基準で考えられており、教科学力の延長線上に入試の実態があります。確かに、そこから飛び出そうとして批判的思考力や問題解決力など抽象化された学力概念が提示されてはいますが、なぜ学力をそのように捉え直すのか合理的な説明はなされていません。

溝上　高校の先生たちに、「学校と社会をつなぐ調査」の高校2年生のデータを見せると「高校2年生の秋はまだ仕上がっていない」「最後の受験期にかなり仕上がる」と、説明をされるんですが、大学受験に向けて仕上がっているのは何なのか、ということですね。

当然、入試で点数を取っていくために、生徒はいろんなかたちで知識やテクニックを身につけ、ミスなくしっかり点を取っていくという勉強に取り組み、最後には高校の先生たちが期待するような姿で、ある程度学校のレベルに応じた実績を上げるわけです。そして高校の先生たちは「生徒たちを育て上げた」と思っているわけです。

しかし、こうした学力は仕事・社会で求められている能力から見ると一部でしかないのです。だから私は、高校で身につけるべき学力は、「学力の3要素」で十分示せていると思います。仕事・社会でどれだけ力を発揮できるかを意識して、知識以外のところをアクティブラーニングやキャリア教育、カリキュラム・マネジメントなどでしっかり体系立てて育てていればよいのです。

田中　私は学力の定義は単体で決まるのではなく、相対的に決まるものではないかと考えています。たとえば、昔は仕事といえば、フルタイムで会社や組織に入ってお給料を貰って…というように、「仕事とはこういうものだ」というある程度明確な定義やイメージが共有され

ていました。しかし、今はひと口で仕事といっても、若者にとっての仕事の定義がものすごく多様じゃないですか。

学力の定義は、このように、他のものとの関連で、相対的に決まってくるものだと思っています。

近年の高校教育におけるアクティブラーニングの波は、学力観や評価にどのような影響を与えたとお考えですか？

田中　今までやってきたのは、クオンティタティブ・アセスメント（quantitative assessment：量的評価）です。それをクオリタティブ・アセスメント（qualitative assessment：質的評価）に転換できるかどうかが、アクティブラーニングに関する評価の課題だと思います。

日本ではみんな同じ教育を受けているという前提だから、どうしてもアチーブメントテストに頼りすぎていますよね。だから、他の先進国に比べて、学習プロセスをどう測るか、あるいは違う文化環境で育った人たちが一緒に学んだときの成長をどう測るか、というようないわゆる診断型のテストの開発が遅れたんだと思うんです。

制度に関する議論は進むのだけれども、個人の成長とか成熟といった部分、つまり学習プロセスを可視化するというところがものすごく遅れていると感じます。

溝上　実際、評価にまで踏み込めていないのではないでしょうか。たとえば、カリキュラム・マネジメントといっても、教科をつなぐとか地域と連携した教育活動とか「中身」で説明してしまっていて、学校が子どもをどう育てるかという、「学校教育目標に基づいたマネジメント」というニュアンスが弱いですよね。つまり、「目標」を達成したかどうかという視点が弱い。だから当然、評価にまでは考えが及ばない。

田中 クオンティティをクオリティに転換するときの公式をきちんとつくる前の段階で、一番わかりやすい入試改革でその間をつなごうとしているようには見えます。手っ取り早い方法ではあるんですよ。テストの準備として出来上がってきたという歴史があるから、そういう意味ではテストというゴールを変えるとおのずとそこに向かって何かしら動かざるをえない。

溝上 今回の入試改革は、最初に期待されていたことからずい分トーンダウンしましたが、それでもそのおかげで、新入試対策とか言いながら、高校の授業が結構変化してきました。学校現場を見ていて、この力学は結構重要なのではないかと思います。

安彦 私が今非常に心配しているのは、アクティブラーニングが入ったことで、コンピテンシー重視の人材育成が謳われ、その文脈での活用型・探究型の授業が重視されていることです。

コンピテンシーですから社会的な要請に対しては応えられますが、アカデミックな能力（基礎的な研究遂行能力）の方は育つのでしょうか？ アクティブラーニングはそもそもアカデミックな能力の育成を重視しているのかどうか？

つまりは、コンピテンシーというのが、社会的な課題の解決や社会的な要請に応えるという観点で一面的に言われることで、どうも個性とか個人の興味というものを無視しているのではないかなと思います。

溝上　一方で、やはり仕事・社会では、人前で自分の考えを述べる、他者と一つの仕事を仕上げていく、という力も重要ですよね。他者とのコミュニケーションを通じて自分の考えを作っていくというトレーニングを受けていないケースが多々あると感じています。

だからこそ、活用・探究が今必要ということで、これは大きな変化だと思います。習得だけじゃなくて活用・探究と言っているわけです。その取り組みのなかに自分を育てていく機会があるわけです。

やはり自分の頭のなかに入れた知識を使って何かを解くとか、答えのない問いや課題を見出していくことは大事です。私は、習得・活用・探究の枠組みはとてもよいと思っています。

教育を規定するもの、社会とのつながり

習得・活用・探究を通じて、高校はどこまでの学力を保障するべきでしょうか?

安彦　私は前々から「自立」の重要性を訴えています。それは、経済的な自立のみではなく、教育的な面での自立を考えると「自己教育力がつくこと」です。

自分で自分を教育できる力がつくこと、それが自立の重要な条件です。

溝上先生がおっしゃったように、活用や探究によって、自分で動き出せるような基礎が、高校までで育てられなければならないのだと思います。それはやはり、子どもが自分で「めあて」を持つかどうかですよね。めあてを持っ

たら認めてあげるとか、持ってない子どもには持てるような場を与えることが重要なのではないでしょうか。

溝上 安彦先生の「自立」というのは、私もまったく同意見です。高校の先生で「自立」と言われて「それは関係ない」とか否定する人はいないと思います。ただ、それが具体的にどこに落ちていくかというのは、また別の話だと思うんです、抽象度が高いので。

田中 加えて、教育は何をやっても「マーケット」からは自由になれないというのがネックですよね。

溝上 何のマーケットですか？

田中 教育を規定するマーケットは様々ありますよ

ね。大学でたとえると、入試をやるにしても大学進学希望者および彼らを支える集団の関心事を気にする。卒業後の進路としても卒業生を受容する社会の動向を気にする。現実の労働市場はもちろんですが、想定される（仮想）市場でもあらゆるモノや情報や人、さらには価値がネットワーク化されて、それぞれ需要と供給のバランスによって成り立つような社会になってしまっている。教育を規定するマーケットはより広く、複雑になってきていると思います。

安彦　私は、マーケットの問題で教育がすべてやられてはかなわんなぁと思いますが。

田中　私もそう思いますが、実際、教育改革の議論は、たとえば「Society 5.0」とか政府が想定するマーケットのなかで進みますよね。

安彦　やはり、そこを突き破るものを認めるか認めないかなんですよ。

> 高校生の学びを高校生とつくっていく教員が、教育を規定するマーケットを突き破ることはできないのでしょうか？

安彦　仕組みとしては、難しいと思います。でも個人レベルで考えれば、可能性はあると思います。

溝上　たとえば、民間人校長がこれまでとは異なる視点での施策を次々に導入して、学校の評判も上がってよい生徒が集まり、全国にも知られるようになっても、任期が終われば続かないということがあります。探究活動を牽引してきた教員が異動してしまうと、とたんに活動が停滞することがあります。

しかし、学習指導要領の変化など社会の動

きに合致したものであれば、それまで築かれてきたものが180度コロッと変わるということもありません。

田中　どうしても、高校の先生は教育委員会や校長が広げた風呂敷のなかで仕事せざるをえないですよね。でも生徒には「自分たちの風呂敷は閉じなくてもいい」と思ってほしいです。

僕らもそうじゃないですか。一人の先生に出会ったことがきっかけになって、その時は想定できなかったような自分の今がある。こういう意味でのアクシデントは学校のなかにも外にも、いっぱい転がっていて、生徒がマーケットを突き破るのにはとても重要なことなんだろうと思うんです。

学校としては、計画的に「機会」という地雷を用意するという方法もありうると思っています。さらに、生徒が想定外の地雷を踏んでくることを教員が承知していて、起こったアクシデントに蓋をしない仕掛けをどういうふうに作るのかということがとても重要になってきますね。今は「マーケットは自分たちでつくる」と考える生徒も増えているでしょう。学校が生徒の機会を最大化するセンターになってほしいと思っています。

高校現場へのメッセージ

最後に高校の先生たちにメッセージをお願いします。

安彦　教育の論理は政治や経済の論理とは違います。高校の先生自身が、教育の専門家として教育の論理で政治や経済を批判的に吟味できるといいですね。子どもの持っている可能性を最大化するために、むしろ政治や経済、そういう社会的なものを逆利用・活用する視点をもつことが大切です。今の社会に縛られるのではなく、自由な立場で、生徒自身が持っている力に沿って、個々の生徒に最適な教育を行ってほしいと思います。

田中　高校の先生には、未来に対してポジティブであってほしいです。もっと言うと、子どもたちに対しても、社会に対しても、自分に対しても、オプティミスティック（楽観的）であってほしい。教員がオプティミストであってこそ、生徒がポジティブになれるし、そのなかから新しいものが生まれてくるのだと思います。

溝上　今は生徒だけでなく、高校の先生にも活用・探究が求められます。新しい時代の社会に向けて一つのモードとして取り込んでいかなければいけないのが、習得・活用・探究です。教員自身が、個人レベル、組織レベルで問題解決に取り組んでいくことが、学校を変えていく一歩になります。

　授業でも、すべてを生徒に一方的に伝えるのではなく、生徒と一緒に問いを立て、みんなで議論して、自分の知らないところが出てきても一緒に考えようという姿勢が大事なのだと思います。

（2018年8月1日 実施）

【鼎談者紹介】

安彦 忠彦（あびこ・ただひこ）

神奈川大学特別招聘教授。教育学博士。東京大学大学院教育学研究科博士課程中退。名古屋大学教育学部長（附属中・高等学校長）、早稲田大学教育・総合科学学術院特任教授等を経て、2012年より現職。中央教育審議会でも数々の要職を務める。一般財団法人日本教育研究イノベーションセンター（JCERI）理事。専門は中等教育のカリキュラム学、教育課程論。

田中 義郎（たなか・よしろう）

桜美林大学総合研究機構長、教授。Ph.D.（教育学）。カリフォルニア大学ロサンゼルス校（UCLA）大学院博士課程修了。玉川大学大学院教授、文学部教育学科主任等を経て、2005年桜美林大学大学院部長、2007年より現職。独立行政法人大学入試センター客員教授（「諸外国の入試制度の調査と評価」分野）。大学教育学会常任理事。一般財団法人日本教育イノベーションセンター（JCERI）理事。専門は比較・国際高等教育学。

溝上 慎一（みぞかみ・しんいち）

学校法人桐蔭学園理事長代理、同トランジションセンター所長・教授。京都大学博士（教育学）。大阪大学大学院人間科学研究科博士前期課程修了。京都大学高等教育教授システム開発センター講師、同大学高等教育研究開発推進センター教授等を経て、2018年9月より現職。中央教育審議会臨時委員、大学の外部評価・AP委員等、外部委員も多数務める。学校法人河合塾教育イノベーション本部研究顧問。専門は青年心理学、学校から仕事・社会へのトランジション。

近年、高校を取り巻く環境は著しく変化しており、研究者鼎談においても話題に上がっていた特色あるカリキュラムづくりは、今後の高校教育のキーワードの一つになると考えられる。ここからは、その事例として、京都市立西京高等学校エンタープライジング科と、愛媛県立長浜高等学校水族館部を紹介したい。

事例❶

社会で活躍できる人材を育てる

京都市立西京高等学校
エンタープライジング科

京都市立西京高等学校エンタープライジング科は、2003年に開設された比較的新しい学科である。京都市立西京商業高校から西京高等学校へと改称する際に、商業科の募集を停止すると同時に、エンタープライジング科が立ち上げられた。学科名の由来であるエンタープライズとは、「困難なものをつかみとる」という語源から発した言葉であり、冒険的な事業や起業という意味を持っている。この名が示す通り、エ

ンタープライジング科は「社会で活躍できる人材」の育成を理念としている。

これまで長きにわたり、自ら課題を発見し、研究し、発表するという「エンタープライズ」という名の授業を実践してきた。京都においてそういった取り組みをしている学校としては、京都市立堀川高校の名が知られているが、西京高校は堀川高校と並んで京都の高校教育を牽引する公立学校である。堀川高校に勤務した経験もある竹田昌弘校長は、両校の違いを次のように表現する。「堀川高校が探究する『研究力』、それは言うなれば大学とか大学院で輝く力。西京はその後、社会に出た後に輝く力『社会人力』の育成を目指してきた」。西京高校はこうした特色ある教育を実践し、十数年にわたって挑戦的な取り組みを続けてきた学校である。

西京高校のカリキュラムとそれを貫く理念

西京高校は、京都市の8つの市立全日制高校の一つで、中京区に位置する学校である。規模は各学年280名程度で、全員が全日制の専門学科であるエンタープライジング科の生徒である。

西京高校のカリキュラムのうち、最も特徴的なのは「エンタープライズ」と呼ばれる総合学習の取り組みである。1年次に行うエンタープライズIから2年次のエンタープライズIIの5月までは、まずアイデア企画演習と称して、グループワークの作法を学び、1年次3月に実施する海外フィールドワークに関連する取り組みを通じて探究のサイクルを回していく。探究のサイクルとは、自らの興味関心に基づいて問いを設定し、調査分析を行い、発表をする、という活動のサイクルである。

特に、西京高校の探究においては「問題化」すなわち、問いを立て、それを広く共有していく力の獲得を重要視しており、教員の示したテーマではなく、自らの関心に基づいて問いを設定するという点を重視している。また、エンタープライズの取り組み自体を、教員主導で行うのではなく、EP委員という生徒たちが中心になって運営していくというかたちをとっている。

これらの活動は、2年次のほとんどの期間を費やして行われる「ゼミ活動」につながるものとして位置づけられている。ゼミ活動では、それまでの活動で学んだ、グループでの探究の進め方や問いの立て方（問題化）、調査方法等を総動員して、自らが深めたい問いについて探究し、論文にまとめ、発表するというかたちをとっている。このゼミ活動において大切にされているのは個々人が「面白がって」取り組むことである。「一番大事なのは、生徒がそれぞれの関心に沿ってやれているか、ですよね。自分たちに興味がないことを無理やりやらされたら、もう悲劇。面白くない」（岩佐峰之教頭）。このゼミ活動においては、エンタープライズー同様、生徒がゼミ委員となって活動の運営を行っている。また、同時に、大学院生を中心としたTA（ティーチング・アシスタント）を雇用し、各コースに数名ずつ配置し、問いの立て方や調査方法等についてアトバイスを受けている。雇用の対象を大学院生にしているのは、実際に研究を行い、学術論文の執筆に取り組んだ経験やアカデミックスキルを重視しているからである。これらのゼミ活動は、最終的には、活動を通じて執筆した論文を「世に問う」ことで締めくくられる。学内での発表を行うとともに、様々な研究会など、公の場でも発表活動を行っている。

こうしたエンタープライズの取り組みを含め、西京高校は2015年度からSGH（スーパー・グローバル・ハイスクール）の指定を受けている。2017年度活動報告書によればSGHの取り組みの目的は「自ら進んで行動し、あえて困難に挑戦し新たな価値を創造する気質をもち、多様な文化や様々な価値観を知識・実体験の両面から自らのものとし、論理的に新たな価値を生み出そうとする姿勢をもち、高い意識と真摯な姿勢をもとにグローバルな視点で行動できる人材（エンタープライジングなグローバルリーダー）」の育成である。ここに記された目的の前半部は、学校の校訓である「進取（自ら進んで行動する気性）、敢為（敢えて困難に挑戦し克服しようとする気概）、独創（自分独自のものを創り出そうとする意欲）」に基づいている。冒頭でも述べた通り、西京高校は「社会で活躍できる人材の育成」を重視しており、その具体像としてこれらの人物像が設定されている。

この「社会で活躍できる人材の育成」という目標は、単なる理念上の目標として存在するのではなく、カリキュラムをつくるうえでの一つの実質的な基準になっている。たとえば、入学式においては、呼名や挨拶などの内容は早めに切り上げ、その後、学術顧問である財界の方を招き、学校の目標（＝社会で活躍できる人材の育成）を伝える講演が行われている。また、1年生全員が参加する海外フィールドワークの行き先がASEAN中心であるのも、「卒業後社会に出た際に最も赴任する可能性が高いのがASEANだから」（岩佐教頭）である。校内の活動の各所において、「社会で活躍できる人材」という目標が意識されている。

本章の鼎談でも言及があったが、今般の高大接続改革を含め、単なる大学入試対策にとどまらない高校教育の必要性は度々主張されている。しかし、実際にその理想を追っている学校は少数であり、西京高校ほど徹底して「大学の後」を意識して教育を行っている学校は多くない。また、その実現に向けて、探究型の取り組みをこれだけ長く継続して行っている点も特徴的である。今でこそ探究学習の実践は広まりつつあるが、15年前にはそういった学校は少数派であった。また、そうした特徴的な実践は人の異動を中心とした状況の変化によって縮小していくことも多いものの、西京高校では継続的に取り組まれている。それは学校が自らをアップデートすることとセットでもある。「やっぱり社会の変化にともなって学校も変わらないといけない。学校って変わりにくい体質があると思うんですけど、『そもそもそれってどういう目的があったか』『何のためにこういう取り組みをしているのか』といったことを改めて考えながらやっていきたい」（企画部長の岡本弘嗣先生）。こうした変化をともないながら、西京高校は「社会で活躍できる人材の育成」に一貫して取り組んできた。

西京高校の学校づくり

では、西京高校は、前述したような特色ある力リキュラムをつくりあげるまで、どのような経緯をたどってきたのか、学校づくりの視点から振り返っていく。

冒頭でも述べた通り、西京高校は商業高校の歴史を引き継いで設立された学校であった。当初は、商業高校から継続して勤めてきた教員と、新たに着任した教員とが混在するなかで学校がスタートした。現在の校長であり、エンタープライジング科開設当初から西京高校に関わってきた竹田先生によれば、当初の課題は、商業高校時代に積み上げてきた伝統や文化をもとにしながらも、いかにして新たなものを築いていくか、という点にあったという。それは同時に、そのような状況のなかでどのようなカリキュラムを実施していくか、という問いでもあった。

京都は大学の町であることをふまえると、進路保障をないがしろにした公立高校では生き残れないという認識があった。一方で、当時は京都に私立の中学校・高等学校が多く設立されるなかで、進路保障だけでは注目されないということもわかっていた。そのため、「社会で活躍できる人材の育成」という理念を持ちつつ、進学準備の教育についても手を抜かず十分に行うという方針を立てた。この二つを成し遂げるという高いハードルを掲げたことに対して、様々な反応はあったものの、竹田校長らは積極的にカリキュラムの改編を繰り返し、探究型のカリキュラムを模索してきた。そうしてつくりあげられたのが、「エンタープライズ」であった。

次に課題となったのが、附属中学校との連携である。西京高校は、中高一貫校であるが、設立当初は教員間の意見交流が十分ではなく、なかなか連携した教育を行えなかった。しかし、高校の校長が中学校の校長を兼ねるかたちになって以後、一本化された指示系統や責任の関係のもとに、コミュニケーションを増やし、徐々にその課題を解決していった。

こうした課題を一つひとつ乗り越えながら、2013年の学習指導要領改訂を迎えた。この改訂までが西京高校にとって第1ステージであり、改訂以後が第2ステージと位置づけられている。「社会で活躍できる人材の育成」を理念の柱とし、それまでは「経済センスの獲得」を目標としていたが、第2ステージ以後は「社会人力の獲得」という目標へと転換した。

このステージの転換にともなうカリキュラムの改編は、3年間をかけて行われた。1年目には、希望者を募り、そこに応募した教員らが西京高校の未来を表すビジョンについて職員会議でプレゼンを行う。2年目には、それらのビジョンを実現すべく、カリキュラムの改編を行っていくメンバーで組織をつくり、カリキュラムの強み弱みや西京高校を取り巻く状況等について分析を行う。そしてそれらを経て、いよいよ3年目にかけてカリキュラムの再構築を行っていく。その際には、伝統やこれまでの蓄積などにとらわれず、是々非々での判断が行われる。たとえば、エンタープライジング科の開設当初から西京高校は英語教育に力を入れ、週に8時間もの英語授業を行っていた。しかし、学校全体のバランスを考え、よりよいカリキュラムをつくるために、カリキュラム改編を担っていた主幹教諭の岩佐先生（現在は教頭）らは時数の削減を含めた改革を行った。

それから数年が経ち、現在は、第3ステージに向けた準備を始めている。前回同様、西京高校の未来を表すビジョンについてのプレゼンターを募集している段階だという。

エンタープライジング科の開設当初のカリキュラムづくりを担った現校長の竹田先生、第2ステージへの改編で中心になっていた現教頭の岩佐先生、そして、今後第3ステージを迎える西京高校のキーパーソンの一人である岡本先生は、奇しくも西京高校のカリキュラムづくりについて同じことを述べた。「先輩らがつくられたものを、壊して再構築する。伝統や文化に関係なく是々非々で考える」。西京高校のカリキュラムづくりは、スクラップ・アンド・ビルドの繰り返しである。何が成果で何が課題なのかを精査し、よいものを継続、悪いものを改善するということを、過去にとらわれることなく実行することを大切にしてきた。それは、エンタープライジング科開設当時に特色として力を入れてきたことであっても同じである。その際の拠りどころとなるのは、「社会で活躍できる人材の育成」という一貫した理念と、一方で時代や社会の変化を受けて打ち立てられる、改編のコンセプトである。「そもそも我々（西京高校）が社会に対して果たすべき役割は何か」という前提から考え直し、これからの学校を構想していく。西京高校では、そのようなかたちで、カリキュラムの改編が続けられてきた。

人を起点にしたマネジメント

多くの学校の場合、こうした大胆な改編は、教職員間に疲弊を生み出したり、あるいは、教職員間で摩擦を生じさせることも多く、改編が長続きしないという事態にもつながりがちである。しかし、西京高校では15年にわたってカリキュラムの改編を続けることができている。

岩佐教頭によれば、その鍵は「人」を重視したマネジメントにあると言う。「学校の存在意義って色々あるとは思うんですが、単純に考えると、僕たちの居場所でもあると思うんですよね。人生の大半を過ごす場所。だったら、そこを面白い場にしたい、やりたいことをやれる場にしたい」（岩佐教頭）。前述した、カリキュラムのビジョンづくりに関するプレゼンが「希望者」によって行われていることも、象徴的である。つまり、そこにいる

「人」がやりたいと思っていること、実現したいと思っている学校像からカリキュラムをつくってこそ、学校は「面白い」場になっていく。そうした、学校づくりを「面白がる姿勢」を最も体現しているのは、管理職自身かもしれない。たとえば、西京高校の保護者説明会等の挨拶では、きちんと説明をしつつも、要所要所でざっくばらんにお話をしていく、とのこと。そのなかで、「笑い」が起こることも大切にしているという。そうした空気のなかだからこそ、教員が安心して「やりたいこと」を表に出すことができるのではないだろうか。

そして、こうした「人」を重視するマネジメントは、お金の使い方にも表れている。たとえば、SGHの予算の大部分は、TAの雇用に使われている。「物にお金をかけてもその時は潤うかもしれませんが、すぐに古くなる。でも、若い人にお金をかけたら、その縁がいつかつながって、戻ってくるんですよ」（岩佐教頭）。一般的には、公立学校の場合、「人」にお金をかけたり、「人」に依拠した仕組みをつくることは避けられがちである。端的な理由としては、人事異動があるからである。しかし、西京高校においては、そういった人事異動もポジティブなものと捉えられている。「公立が生き延びていくには、やっぱり変化し続けていくしかない。変化するためには、新しい人が来ることはよいきっかけになるじゃないですか」（岩佐教頭）。その時その場にいる人を大切にしながら、新たに加わる人による刺激も大切にする。人の入れ替わりが、硬直性を打破し、ダイナミズムを生じさせる源にもなると考えられている。

骨太で持続可能なカリキュラム・マネジメント

こうした西京高校の学校づくりについて、改めて振り返ってその特徴を考えると、次のようなことが言えるのではないだろうか。

まず、西京高校には、社会で活躍し、貢献できる人材の育成という明確な理念があることが特徴的である。この理念は、エンタープライズを中心に西京高校のカリキュラム全体を貫く大きな柱となっている。そして、この理念を実現するため、エンタープライズやSGHに関わる実践など、教科にとどまらないかたちでの特色ある取り組みが行われている。そして、課題研究等の運営においては、学年を越えて多くの教員が参画しており、外部からも、大学院生というリソースを活用している。

ここまで見てわかる通り、これはまさに、次期学習指導要領でも求められているカリキュラム・マネジメントの具体例であると言える。しかし、何よりも西京高校が特徴的なのは、現在でいえばカリキュラム・マネジメントにあたるであろう、カリキュラムのスクラップ・アンド・ビルドを15

年にわたって続けてきたことにある。カリキュラム・マネジメントは学校の実態や社会の変化に対応して高校教育がよりよくなっていくうえで重要であることは間違いない。そして、次期学習指導要領に明記されたことで、多くの学校がこぞって取り組んでいく可能性は高い。しかし、それが他律的であったり、当の教職員にとって腹落ちしないまま実行されれば、その取り組みは一過性のものにとどまってしまう可能性が高い。西京高校はそれを乗り越え、「持続可能なカリキュラム・マネジメント」を実行してきたと言える。

その鍵は「人」を起点にしたマネジメントにある。学校としての理念や文脈はふまえつつも、個々人の価値観や理想像をベースにしながらカリキュラムのビジョンをつくりあげてきた。竹田校長・岩佐教頭によれば「〈ビジョンの共有〉って要は〈やりたいことのすり合わせ〉」とのことであるが、個人と組織の目標をすり合わせていくことは、経営における目標管理の基本であるとも言える。こういった素地があるからこそ、カリキュラム・マネジメントが個々の教職員にとっても「価値あるもの」になっているのではないか。さらに、公立学校特有の異動という仕組みがそこにダイナミズムを加えている。「人」をベースにしても、その「人」が変わらなければ、硬直的な取り組みに陥る危険性もともなってしまう。しかし、人が入れ替わり、新たに入ってきた人が校内で力をつけ、マネジメントに新たな観点を加えていくことでとどまることなくマネジメントが持続されていくのではないだろうか。

京都市立西京高校は、こうしたかたちで「持続可能なカリキュラム・マネジメント」に基づき学校づくりをしてきた学校なのではないだろうか。

事例❷

高校生が地域と学校を活性化する

愛媛県立長浜高等学校
水族館部

愛媛県立長浜高等学校は、県内西部、瀬戸内海に面した海沿いの場所に位置する普通科高校である。1学年2クラスの小規模校で、地域の生徒数の減少にともない、分校化の危機と隣り合わせの高校である。同校の教諭、重松洋先生は語る。「うちの学校は滝の前ぎりぎりのところで、みんなで手漕ぎの船に乗っているようなイメージです。バージョンアップし続けないと滝つぼに流れ落ちてしまう」。長浜高校は、長年、分校の危機に直面しながら、なんとか存続を続けているという状況である。

このような環境のなか、長浜高校では全国から注目を浴びる実践が行われている。それが長浜高校水族館部である。部が運営する長高水族館では毎月第3土曜日に一般公開を行っているが、この一般公開への来訪者が年間約1万人（のべ人数、顧問の重松先生調べ）に上るという。ここからは、この水族館部を中心とした長浜高校の取り組みについて紹介していく。

長高水族館の取り組み

長浜高校水族館部は、文字通り、水族館を運営する部活動である。長浜高校の一部教室と中庭などを用いて魚の飼育と繁殖を行うとともに、前述した一般公開日には来訪者の方々への解説などを行っている。長浜高校は、それぞれの学年の生徒数は40人前後であるが、その4分の1程度が水族館部に所属している。水族館部の体制は、繁殖班、イベント班、研究班の3つに分かれている。

繁殖班は活動の基礎になる魚の飼育や繁殖に取り組んでいる。クマノミやタツノオトシゴの繁殖は、乱獲等による減少に歯止めをかけるべく、繁殖方法の公開なども行っている。

イベント班は、一般公開日において様々なイベントを行っている。中庭の大きな水槽を用いたハマチのショーは一般公開日の人気企画である。ハマチが芸を覚えるということへの驚きもあるが、目の前で大きな魚が水しぶきをあげながら輪をくぐっていくダイナミックさ、そして、MCを担当する部員たちの解説もこのイベントの魅力である。

　また、研究班は魚に関する科学的な研究に取り組んでいる。特にクマノミとイソギンチャクとの関係については継続的に分析している。たとえば、2012年にはクマノミがイソギンチャクに刺されない秘密について研究するため、クマノミの体から分泌される粘液を、電気泳動などの手法を用いて分離した。そこから抽出されたタンパク質について、自らの指につけてイソギンチャクに触れてみるなどの実験を行い、タンパク質がイソギンチャクから身を守る成分の一つではないかと推測した。さらに研究を進め、2014年にはカクレクマノミは粘液中に高濃度のマグネシウムイオンを持つことで、イソギンチャクから刺されないようにしていることを明らかにした。こういった成果は外部からも高い評価を得ており、日本学生科学賞では、毎年県大会や全国大会で賞を受けている。特に、2015年には世界大会に進出し、「国際学生科学技術フェア」（ISEF）にて動物科学部門で入賞するなどした。

　一般公開日においては、イベントや魚の展示・解説、および上記の活動の報告とともに、様々な取り組みが行われている。たとえば、中庭には、タッチプールが設置されており、ナマコやヒトデ、カニなどに直接触れられるようになっており、来訪者がその感触を楽しんでいた。また、その隣にはカフェが併設されており、ドリンクやデザートなどが味わえるようになっている。ある教室では、魚の絵を釣り上げるゲームや、魚をテーマにした絵本の閲覧ができるようになっており、子どもが楽しめる空間が提供されていた。他にも、長高水族館のゆるキャラ「つらいにゃん」と写真を撮影できたり、魚や亀をモチーフにした水族館パンが販売されたりしている。さらに、高校周辺の鮮魚店などと連携した「長浜まちなみ水族館」という取り組みも行われている。長高水族館を含めて、鮮魚店の水槽などを見て回り、スタンプを集めることで景品がもらえるという取り組みである。

一方、日常の活動においては、一般公開日が活動のマイルストーンになっている。公開日が終わってから次の公開日までを1サイクルとして、前回の公開日の反省をふまえ、より進化した水族館を目指して日常の活動を行い、また公開日を迎えるというサイクルを回している。重松先生によれば、これらの日常の活動については、基本的に生徒の自主性に任せているという。「生徒たちが自分でやるように、私は手出ししないようにしています。生徒に『ああしなさい、こうしなさい』と言うと生徒ら自身が面白くなくなるので」。生徒たちは、公開日の直後の活動において、それぞれ班単位でブレイン・ストーミングを行うなどして翌月に向けての計画案を立てる。さらにその案を部全体の前で発表し、お互いに意見を出し合って次の公開日までの計画を立てる。そういったサイクルを回しながら活動が続けられている。

重松先生は、こうした活動を通した生徒の成長を強く感じているという。「やはり、外部のお客さまが月に一回一定数来訪されるのは大きい」。自分たちで工夫し、その結果は来訪者の反応などで如実に自分たちに返ってくる。「教えてくれる人がいなくても、自分たちなりにやってみている。それでまた考える」。そういった活動こそが「『深い学び』になっている」とのことだ。

長高水族館の歴史と広がり

こうした取り組みは、どのようにして形作られてきたのであろうか。ここからは、長高水族館のこれまでの経緯を振り返りながら、水族館部を中心とした、取り組みの広がりにも目を向けていく。

　長高水族館は、1999年から始まった。その誕生には長浜地区の歴史が関係している。長浜地区には、かつて、四国初・県内唯一の水族館があり、たくさんの鑑賞客を集めていた。しかし、老朽化のため、1985年に惜しまれながら閉鎖。この水族館の復活は地域の夢でもあった。そうした歴史をうけ、重松先生と当時の自然科学部が空き教室に水槽を置き、地域の人に公開したことがその始まりだったという。

　その取り組みが「特色ある学校づくり」としての流れにのり、一つの「部」としての活動から広がり始める。2004年には、学校設定科目として「マリンアクアリウム1」がスタートした。一人ひとりが一つの小さい水槽を管理し、そこで魚を飼育することを通じて、海や生物について学ぶという科目である。

　さらに、2010年代に入ると、様々な変化が起こり始める。一つは、研究成果が賞をとるなど注目を集めてマスコミ等の取材も増え、公開日の来場者も増えていったことである。同時に、水族館部以外の生徒たちの関わりも増えていった。たとえば、前述したカフェは生徒会が中心になって運営を行っている。また、水族館パンはビジネスコースに属する生徒たちが地元の有名店と協力して開発を行ったもので、彼らは公開日における販売活動も行っている。吹奏楽部が演奏をすることや、家庭クラブの生徒たちが子ども向けのワークを行うこともある。また、海洋生物をテーマにした美術部の作品も展示されている。こうした広がりは、重松先生が仕掛けたり、巻き込んだりしたわけではないと言う。「やって、と言うのは一切なしで、もうやりたい人がやるだけです。お願いすると、変に義務感になってしまうので」。あくまで「自然に」広がっていったとのことだ。

　ここ数年は、水族館部のなかでも新たな広がりがあった。２年ほど前には、改めて水族館部の原点に立ち返り、自分たちが水族館を再建するならどんな水族館にしたいか、ということでワークショップを行ったという。そこでは、町のなかを回遊するための３つの水族館を作るというプランが提案された。「要は１つの水族館だけがあったところで、お客さんはそこにしか来ないと。それでは町に潤いはない。町のなかに人が入ってくることでビジネスチャンスも生まれる。人との交流も生まれる」。この考えからもわかる通り、生徒たちのなかにはすでに町づくりの意識が芽生えていたという。

加えて、その熱が高まるもう一つのきっかけになったのはビジネスプランづくりだ。ビジネスプランコンテストの主催者から声をかけられ、そこでクラゲ予防クリームについてプレゼンしたところ、準グランプリを獲得し、その流れで企業と組んで実際に商品開発を行うことになった。このクラゲ予防クリームは、クマノミがなぜイソギンチャクに刺されないのかというこれまでの研究を発展させ、クラゲに応用したものだ。２０１９年４月には、クラゲに刺されにくくするクリームの発売が決定していると言う。これまでの取り組みの蓄積が、商品開発というかたちになり、実際に利益を得られる可能性が生じた。そして、その可能性の先には、水族館再建という夢が、具体的な目標として改めて立ち現れてきた。「生徒は本気でそう思っている」し、それは重松先生にとっても「ロマン」であるという。

また、こうした取り組みは進路の可能性にもつながっている。長浜高校では、一般入試よりも、ＡＯ入試や推薦入試での受験を重視しており、そこでは、研究での評価や実績がアピールポイントになるという。また、ビジネスプランづくりを１年生全員に広げる試みも行っている。水族館関連の研究では、文系の推薦に生かしづらいこともあるが、ビジネスプランであればそれが可能になる。商工会経由で声かけを行い、地元企業の協力も取り付け、いよいよ本格的な取り組みが始まる段階まできたところだという。

こうした進路と活動との接続については、背景に、重松先生自身の進路指導に対する考え方がある。かねてから受験勉強の成果だけを評価して進路が決まっていくこと、そしてその準備のために貴重な高校時代の大部分が奪われていくことに疑問を持っていたという。「本当に自分のやりたいことを高校時代にやって、それを評価してもらって大学に入学できる。そうした進学のあり方がこの学校ならできるかもしれない」。進路指導課長でもある重松先生の思いは、ここ数年ますます強くなっている。

以上のように、水族館に関連する取り組みは、飼育・研究・一般公開に加えて商品開発という分野に広がっていった。学校内においては、教科や進学に関連する活動としてその位置づけが広がっていくとともに、一つの部だけでなく、生徒会やビジネスコース、他の部活動も公開日に活動するなど、参画者も広がっていった。また、学校外との関係という意味では、マスコミ等を通じた注目や来訪者の増加があり、商品開発やビジネスプランづくりのパートナーとして企業や店舗との関係にも広がっている。

長浜高校の実践を支えるもの

このような広がりを通じて、長高水族館は学校内の一つの部活動という枠を越え、学校や地域にとって欠かせない存在となってきている。水族館部顧問であり、長浜高校の進路指導課長でもある重松先生は、こうした広がりが「いつのまにか」あるいは「自然に」起きたものであると強調するが、その展開に重松先生の存在は欠かせない。

まず重要な点は、水族館の復活という「ストーリー」を共有してきたことである。ストーリーそのものは町にもともとあったものであるが、それに対して実際にきっかけを作り、より具体的なかたちで描きつつ、同じ夢を見るという姿勢で部員たちと共有してきたことの意味は大きい。重松先生自身が「ストーリーがあるからこそ、生徒達もやろうっていうことになったんだと思う。何をやるにしてもストーリーがちゃんと描けているとうまく物事が運びます」と語るように、「水族館復活」という物語が活動のエンジンになっていると言えるだろう。

次に、活動の場を支える「基礎づくり」である。当然のことながら、この部の活動にはお金がかかる。水槽の寄付なども行われているが、一般的な部活動に比べて運営資金の額は大きいと推察される。金銭面の支えという意味では、長浜高校が立地している大洲市の助成金など、地域の協力に支えられている。

「〈日常的に〉社会とのつながり」が作られていることも特徴的である。月に一度の公開日は、生徒にとって「見知らぬ大人とコミュニケーションする」機会になっている。「社会に開かれた教育課程」が求められるなか、そうした機会を持つ学校も増えているが、長浜高校に特徴的なのは、それが「日常化」していることである。一般的には、「社会とのつながり」といった時には、年に数日、学校外に出て何らかの活動を行ったり、講師として社会人を招いたりするなど、「特別に作り上げた場」で関わりを持たせることも多い。一方で、長高水族館の場合には、前述した通り、そうした機会が定期的に訪れ、活動のマイルストーンになっているとともに、その他の日においてもその「社会とのつながりの機会」をよりよく迎えるにはどうしたらいいか、という視点で活動が行われている。日常に身近に「社会」が意識されており、日常の活

動のなかに「社会とのつながり」が埋め込まれているかたちになっている。

最後に「舞台をつくる」ことである。前述した「基礎づくり」も「社会とのつながり」も広く言えばここに入る。生徒たちが活動していくうえで活躍できる「場」をつくったり、「人」を紹介したりすることである。ショーや、パンの販売、魚の解説など表に出て「踊る」のは生徒たちであるが、それが可能なのは、一般公開という「舞台」がつくられているからである。また、研究関連では大学の専門家とのつながりをつくったり、ビジネスプランづくりにおいては、地元企業との関係をつくったりしている。その関係のなかで活動するのは生徒自身であるが、その前段階として、人と人とをつなぎ、生徒たちに紹介してきた重松先生の関わりも大きい。

そして、「舞台」があって、そこで「踊る」ことは、新たなつながりも生んできたのではないだろうか。公開日という「舞台」で水族館部が楽しむ姿があって、他の団体に属する生徒たちが関わりを持ちたいと思ったのではないだろうか。研究発表という「舞台」での成果が、新聞等を通じて認知度を高めることにつながったと考えられる。マスコミを含め、そうした注目があるからこそ、ビジネスプランコンテストの誘いがあった可能性もある。舞台にあがって踊る、つまり、活躍の場が社会に開かれているからこそ、そこに、一生懸命活動に取り組み、楽しんでいる高校生が「いる」ことが認知され、関心を持った人が周りに集まってくる。活動が「自然に」広がっていったことは、こうした「舞台」をつくり、それを社会に「ひらいてきた」結果とも言えるのではないだろうか。

社会のなかで生きる学校

こうした取り組みを改めて俯瞰してみると、「社会との関わり」という点において特徴的な部分が見て取れる。

一般的には、社会というものが既に存在していて、そこで必要とされる力をいかにつけていくか、という発想で考えられることが多い。むしろ、それさえ意識せずに、受験準備だけを考えて教育を行っている高校の方が多数派ではないだろうか。一方、長浜高校の取り組みは、各生徒にとって、将来的な何かのためのものではない。「今」その時のために行われている。前述した通り、長浜高校においては社会とのつながりが「日常化」されている。

長浜高校にとって、「社会のなかで何をするか」ということは将来の課題ではなく、「今」の課題なのである。

別の言い方をすれば、長浜高校の生徒たちにとって社会とは「これから参入する対象」ではない。「すでにそこにいて、社会の一員になっている」と言えるのではないだろうか。生徒たちが自分たちを地域の一員として、プレイヤーとして認識していることは、前述した町づくりのプランからも見て取れる。他人事として町づくりについて調査し提言する、あるいは、町づくりから学ぶ、というかたちではなく、自分たちの活動を位置づけながら、現実的にその先にあるものとして町づくりを考えている。

これらの根本には、「水族館の復活」というストーリーの存在が大きい。そこでは、生徒たちは未来の社会から規定される存在ではなく、むしろ、地域の未来を「描く」側に立っているからである。こうした関係こそ、真の意味で「社会に開かれた教育課程」と言えるのかもしれない。

※現在長浜高校は全国募集を行っており、愛媛県外からの入学も可能である。詳細については次のURLから
https://koukoukyouiku.esnet.ed.jp/nc/htdocs/
「愛媛県立高等学校全国募集のお知らせ」愛媛県教育委員会高校教育課。

鼎談

教員が語る 高校教育のこれから

大畑方人先生
（東京都立高島高等学校）

×

殿垣哲也先生
（兵庫県立東播工業高等学校）

×

宮崎芳史先生
（新潟県立佐渡中等教育学校）

本章では、大畑方人先生、殿垣哲也先生、宮崎芳史先生をお迎えして、先生方の挑戦的で魅力的な実践の蓄積をもとに、高校をめぐる来るべき変化においてどのような学びの可能性がひらかれるのか、その展望を語っていただいた。（お三方の実践は138頁以降に掲載。）

お集まりいただきありがとうございます。本日は、アクティブラーニングを一つの焦点としながら、先生方が高校教育のこれからをどのように捉えていらっしゃるのか、お伺いできればと思っています。
さっそくですが、みなさまから簡単な自己紹介をいただければと思います。どうぞよろしくお願いいたします。

殿垣　殿垣哲也と申します。兵庫県の県立東播工業高等学校から参りました。私は体育教師で、「学校体育研究同志会」という研究グループで授業研究を続けてきました。そんななかで、私自身としては子どもの可能性を最大限に引き出す、可能性に蓋をしないということをポリシーにしながら、体育や学校づくりに取り組んでいます。

大畑　東京都立高島高等学校の大畑方人といいます。よろしくお願いします。教科は公民科で、政治・経済や現代社会の授業を主に担当しています。私は、政治や社会問題に対する「無関心のバリア」をいかにして打ち破るかということを最大のテーマにしています。

宮崎　新潟県立佐渡中等教育学校で社会科と日本史、世界史を教えている、宮崎芳史と申します。私はもともと旅行会社で5年間、修学旅行の営業をしていました。教職についてからはお客様のなかに飛び込んで仕事をしているような感覚があったんですが、ようやく最近、同僚であることに慣れてきたところです。本日はよろしくお願いいたします。

高校教育改革の4年間を振り返る

高校教育改革の流れのなかで「アクティブ・ラーニング」が言及され始めたのが2014年頃からでした。それからすでに4年が経過しているわけですが、先生方はこの間の変化をどのように感じていらっしゃるのでしょうか。

大畑　やはり、2014年、2015年あたりからアクティブラーニングに関する教員向けの研修が増えてきたり、教員会議でもそうした話題が出るようになってきたという印象です。

そういった機運のなかで、新しいことに挑戦してみたいと考えている先生たちが先んじてアクティブラーニングに取り組み始めた感じだったと思います。一方で、「アクティブラーニングで言われていることって、そんなに新しいことなのかな。これまでやってきたことと本質的に違いはないよね」という話もよくされていて、僕の印象もそれに近いものでした。

殿垣　アクティブラーニングという言葉が独り歩きしているような部分もあったように思います。たとえば、これまで調べ学習と言っていたことを、アクティブラーニングと言い換えて成果として出しているといった具合に。

大畑　言葉の独り歩きということに関しては、日本の教育の歴史を振り返れば、経験主義なのか系統主義なのかから始まって、ゆとり教育であるとか、そういった振り子のような図式になっていると指摘されることがよくありますよね。ただ、そのように整理するだけではなくて、「アクティブラーニング・ブーム」ともいわれるような状況を越えて何が残るのかを考えていくことが重要だと思います。

宮崎　その点で言えば、やはり教室のなかだけで考えていては本当の意味で主体的にはなれないので、これからの社会でどう生きるのか、自分が解決するべき課題は何なのかということをリアルな社会のなかで考える必要があると思います。アクティブラーニングの取り組みを、学校と社会の壁を越えるような試みとして捉えたいというのは、私自身が意識的に取り組んできたことでもあります。

大畑　社会の変化について振り返るなら、やはり18歳選挙権の施行は非常に大きな意味をもっていたのではないかと思います。
２０１６年7月10日の参議院選挙が、国政レベルで18歳選挙権が適用された初めての選挙だったんですが、それに合わせて学校で模

殿垣　保健の授業でも水俣病の問題や薬害エイズの問題を考えるということをやってきたんですが、やはり政治的な関心というのは高まっているなと感じます。なので、主権者教育として学校全体で取り組んでいきたいなという思いはあります。

大畑　私はこれまでもシティズンシップ教育といわれている取り組みに力を入れてきたのですが、政治的な問題を自分たちの生活のなかに発見するということが大切だなと感じています。たとえば、生徒会をもう一度見直そうとか、「ブラック部活」や「ブラック校則」について考えてみようとか、そういったテーマから年間の授業を始めるようにしています。

　シティズンシップ教育は、高校生が政治的な主体となるための準備をすることにとどまるのではなくて、高校生はすでに政治的な主

擬選挙をしたんです。模擬選挙自体は２００５年からずっと取り組んできたのですが、２０１６年にいよいよ18歳選挙権が実現するということで、実際の参議院選挙を題材にして、投票箱や投票用紙も実際に使われるものを使用して模擬選挙を行いました。テレビの取材も来て大変な盛り上がりだったんですが、そんななかで生徒たちは熱心に政策を比較して、議論していました。生徒たちが自ら考えて議論して、そして政治に参加する姿を見て、これまでの取り組みが実を結んだように感じました。

宮崎　確かに、政治の話題だけでなく、世のなかのことについて話すときの生徒の受け取り方が変わってきた気がします。必要性やリアリティを感じて聞いてくれるようになりました。

体なんだということを前提として取り組まれるべきだと考えています。

宮崎　主体的に社会参画をするために、実社会と関わって、自分たちが社会に影響を与えられるということを実感することは本当に大事だなと思います。

　私は、「佐渡を豊かにする『中等生PROJECT』」という有志の生徒が参加できるプロジェクトに取り組んできました。地域おこし協力隊や企業、行政、市議会議員など地域の方々にご協力いただいて生徒たちと地域おこしのプランを立ててそれを実行するというものです。企業で勤めてきた自分自身の経験も生かしたいという気持ちもあって、キャリア教育の視点を意識しながら続けてきました。

　今ちょうどAO入試や推薦入試の準備をしている時期で、先日もプロジェクトに関わってくれた生徒と話していて、自分のやりたいこと、将来のビジョンを考えたとき、どんな大学で何が学びたい？というような話をしたんですが、プロジェクトでの経験や、そこで身につけた考え方が前提になって、社会に関わる主体として話ができたことが嬉しかったです。

殿垣　自分たちにできるんだっていう自信って大事ですよね。僕も経験があるんですが、一番しんどい状況って、生徒たちが「俺らどうせできひんわ」って投げ出してしまって、そのうち教師も「この子たちには難しいだろう」って諦めてしまうっていうのがありますよね。そこから立ち上がるには、生徒の可能性を否定しないで、まずは一つひとつ「やったらできるやん」ってところを積み重ねていくことに尽きるなと思います。

アクティブな学びには仕掛けがある

大畑　今のお話と関わるんですが、体育って「できる」「できない」がはっきり出てしまう教科なのかなと思っていたんですね。でも、殿垣先生についてのマナビラボの記事を読んで、運動が苦手だった生徒が授業の中心になって体育を楽しんでいて、その仕掛けが本当にすごいなと思いました。

殿垣　フラッグフットボールの実践ですよね。彼らは3年間かけて本当に変わっていきました。最初はね、スポーツの得意な子のワンマンプレーで、そうでない子はちっちゃくなってて。
　でも、タッチダウンできればいい、勝てればいいという授業ではなくて、チームで戦術をたてて、上手くいかなかったらそれはなぜかを考えることに重点を置いて毎時間振り返りをしてもらいながらやっていったんです。そうすると、誰がチャレンジして誰がそのカバーに行ってということまで考えられるようになっていって。ここまで来ると失敗を非難することがなくなってきます。そんな実践を3年間積み重ねて、最初にあった得意とか不得意ということを越えて変わっていってくれたんですよね。

大畑　そこがほんとに素晴らしいなと思いました。異質な他者を排除するのではなくて、対等な関係を作っていくというところにすごく共感しました。

殿垣　体育では、できる子とできない子を分けて、別々に試合をやるといったやり方がよくある

んですよね。でも僕は、それでは発見できないことや、生まれない変化があると思っています。「下手な子や失敗する子が悪いんや」と思い込んでしまっている子にも、課題やしんどさがあるんです。下手で弱いと思っていた子が変わっていくのを見て、自分はできると思っていた子も変わっていく場面があって。だから違いや差があることは問題ではないんです。同じ土俵に立てないことが問題なのであって。

大畑 そう。同じ土俵に立てる仕掛けが大事なんですよね。

宮崎 同じ土俵に立てる仕掛けって本当に重要で、私は常々どうしたら生徒が地域で活躍する大人と同じ土俵に立ちたいと思ってくれるだろうか考えています。

　私のケースで言えば、たとえば「佐渡をよりよくしよう」と言っても、それだけでは生徒はピンとこないんですよね。そこでまずは、佐渡の魅力を伝えるような本や写真を集めたり、佐渡で活躍されている方をお招きしたりして、自分たちが住んでいる島と出会い直す場をつくるところから始めました。で、こんなプロジェクトをやった高校生がいるんだよと、紹介して。そうしてると徐々に「じゃあさ、佐渡のために私たちは何ができるかな？」という声が聞こえてくるという感じです。

大畑　同じことが政治参加についても言えると思います。先ほどお話しした18歳選挙権はまさに高校生も政治のアクターであって、政治の土俵に立っていることが前提となったという点で大きな意味をもっています。宮崎先生がおっしゃったように、社会で起こっていることを、他人事として見るのではなくて、そこに関わっていく機会をどれだけ用意できるかが大事だと思います。よく「自分事」という言葉で表現されたりしますが、社会や他者と関わりながら、自分自身の課題として学ぶというのが、求められるアクティブ・ラーナーの姿なのだと感じています。

これからの教師像

多様なアクターが同じ土俵に立って学ぶという取り組みが広がりを見せていくなかで、教師の役割や立ち位置はどのように変化していくのでしょうか？

大畑　教師の立ち位置ということについては、「ティーチャーからファシリテーターへ」ということがこの間かなり言われてきました。ただ、それを「教えるということをやめて、グループワークをしましょう」という意味で捉えてしまうのは大きな誤解だと思います。教師が教科書の内容や自分にとって既知の事柄を教えるというモデルが問い直されているのであって、すべてを生徒に委ねればいいという話ではないですよね。

では、教師に何が求められているかというと、それは異質なものと生徒を出会わせるということではないかと思います。他者と協同して、課題を発見したり、新しいアイデアを生み出したり、実際にアクションを起こしたりすることが大事なのは、そのプロセスを通して自分とは異なるものや未知のものと出会うことで学びが生まれるからではないでしょうか。そこを外してしまうと「活動あって学びなし」ということになってしまいます。

宮崎 教師自身にも社会の様々なアクターと協同して生徒の学びを支えるための関係をつくっていくことが求められているように思います。自分の知っていることを生徒に教えて、それがちゃんと伝わっていればいいというのではなくて、どんな知や人と生徒を出会わせれば学びが生まれるのかを考えなくてはいけない。そういう意味では、自分で全部できると思わないということも、教師の立ち位置としては重要なのかなと思いました。

殿垣 そのうえで、僕は大事なのはやっぱり教科内容、中身だと思っています。というのは、教科書の内容をしっかり教えましょうということではなくて、生徒が抱えている課題に向き合うためにこそ、教える中身をしっかり理解していなければならないという意味で。それぞれの生徒が抱えている生活課題への理解と、教えるべき中身の吟味、その両方があってはじめてどんな教材がいいのかという判断ができる。

宮崎 殿垣先生がおっしゃったように、生徒がどんな課題を抱えていて、何に関心や魅力を感じているのかを知ろうとしなければ、生徒の心に火がつくような好機はなかなか生まれないですよね。

大畑 同感です。たとえば、いきなり地球環境問題とか貧困問題について考えましょうと言っても、生徒からすれば遠い世界の話のように聞こえてしまうんですよね。先ほどもちょっと触れましたが、「ブラック部活」になっていないかとか、「ブラック校則」を見直そうとか、自分たちの生活を豊かにするというところから始めることが、政治を自分事として考えて行動するための第一歩になると思います。

今、SDGｓを意識した授業づくりについていろいろ研究しながら取り組んでいるんですが、グローバルな課題と接点を持ちながら、身近なところから行動できるような生徒を育てたいという思いがあります。

殿垣 わかります。ただ、身近なところから変えていくって実はすごく難しい部分もありますよね。自分の所属する組織やコミュニティを変えるってなかなかできない。

大畑 本当にそうです。生徒たちが学校を変えようとしている一方で、実は私たち教師の側がなかなか変われなかったり。学校の組織文化や教師の意識を改革することと両輪でやっていかなければいけないと思いますし、まさにそれが私の今の課題の一つでもあります。

宮崎 大畑先生がおっしゃったように、学校や教室が民主的な空間になっていくというのは本当に重要な課題だと感じています。私は地域社会へと積極的に出て行って、学びの場を広げていくということを強調しがちなんですが、他方で、学外のアクターとの出会いを通して、

自分たちのクラスや学校はどう変わったのか、あるいは変えていけるのかという、問い直しの部分にまで踏み込んでいかなければならない。私の今の課題はそこかなと思います。

2030年に向けた学びの挑戦

お話を伺っていて、学校と社会との隔たりを越えるような学びを構想するということが理念的に重要というだけでなく、先生方にとって現実的な課題となっていることがよくわかりました。

そうだとすると、社会の変化を見すえつつ、そうした変化に対応した資質や能力の養成を担う教師の役割がより一層重要になってくるのではないかと思うのですが、先生方の目に社会の変化はどのように映っているのでしょうか。

宮崎　近年、AI技術の発達を背景にして現在の職業の半分が代替される可能性があると言われていますよね。キャリア教育の視点に立つと、これから仕事・社会で求められる資質・能力がどのように変わっていくのかは注視しなければならない点です。少なくとも、新しい価値を生み出すような力、知識の活用だけではなく、そのための人間関係や場づくりができるような力が求められるのではないかと思います。

大畑　失われる職業が出てくるだろうと言われているなかで、どんな人でも活躍できるような社会にしていくための変化が必要ですよね。

宮崎　はい。そう考えたとき、私は「イノベーション」というのがキーワードになるんじゃないかと思っていまして。今のマーケットを占めているニーズ（needs）に応えるという発想だけでは不十分で、隠れたウォンツ（wants）を掘り起こす、発見する力がこれからの社会で活躍するために求められるのではないかと、そんなふうに今考えて、勉強しているところです。

大畑　宮崎先生のお話とも関わるんですが、私は、多様性と包摂（diversity and inclusion）がこれからの教育において非常に重要なキーワードになるのではないかと思っています。グローバル化が進んでいく過程で異なる文化との摩擦というのは避けられない事態だろうと思います。ただ、そこで異質なものを排除するのではなく、共生していくための理解や、関係づくりの能力がますます重要になってくるように感じます。

殿垣　僕は、民主主義の行方というのが、これからの社会と教育を大きく左右するだろうと考えています。

差別や排除ということをめぐっても、今、本当に危機的な出来事が政治の世界でも起こっていて、ＬＧＢＴｓやＳＯＧＩをめぐる問題もそうですが、公然と差別的な発言がされたりしています。

ただ一方で、そうした発言に対してすぐに批判の声があがっているのも確かです。だから、危機的な状況ではあるけれども、それは必ずしも民主主義が後退しているというわけではないと思います。民主主義が成熟していく途上にあると思うんです。学校教育についても、そうした民主主義を支える役割がもっと見直されるべきだと強く感じています。

大畑　前に海外の教育事情に詳しい方とお話をしているときに、その方は北欧の研究者だったんですが、スウェーデンとかデンマークとかの高校の教員は、数学の教員であろうと理科の教員であろうと体育の教員であろうと、何のために学校教育があるかというと、みんな民主主義のためだって言うとおっしゃっていたんです。

そういう意識をもっと日本の学校にも根付かせていきたいと思っていたので、体育の殿垣先生から一番にそういったお話が出たことにすごく共感しました。

殿垣　宮崎先生も触れられていたように、雇用問題も深刻で、少子化の問題もあって海外からの人材なくしては立ち行かない状況ですよね。そんななかで異なる文化的背景をもつ者どうしが共生できる世のなかであるために、民主主義を成熟させていく必要があると思うんです。そして、そうなっていく可能性を僕は信じているというか、そのために自分の仕事はあるのかなと思っています。

最後にこれからの学びについて先生方の展望を教えてください。

殿垣　一言でいうならば「異質協同の学び」です。実はこれまでもずっとそう思ってやってきたんですが、この先のことを考えてもやはりこれに尽きるなと感じています。たとえば、能力ひとつとっても、効率を上げるために能力別で学ぶという試みがありますが、僕はそれでは生まれない学びがあると思うんです。

大畑　異質な者を排除することからは何の変化も、新しさも生まれないですよね。

殿垣　そう。たとえば、フラッグフットボールの実践でも、運動の得意な子だけでゲームさせていたら、みんなでこのゲームを楽しむためにどうしたらいいだろう、どんな戦術にしようか、いっそみんなが楽しめるようなルールに変えた方がいいんじゃないか、なんて考えないですよね。運動が得意で「勝つことが楽しい」って思っている子と、運動は決して得意ではないけど「スポーツって楽しい」って思っている子は出会えないし、そこで生まれる学びもなくなってしまう。

大畑　自分の価値観や規範に合わないものを排除するのではなくて、自分の価値観を問い直したり、あるいは規範やルールを組み換えていけるような、そういう他者への想像力って本当に大事だなと思います。

スポーツってルールがあってはじめて楽しめるものですよね。でも、みんなが納得できるルールじゃないとスポーツはつまらなくなってしまう。それって政治と同じだなって思うんです。ルールや規範は守らなければいけないけど、誰かだけが勝ったり得をしたりするルールではだめで、誰もが対等な立場で、自由に楽しく生きていくためのルールを考えていかなきゃならない。それが民主主義や政治の本来の役割なんだと思うんです。

宮崎 私は、次期学習指導要領で求められているような「よりよい社会を創り出す」ことができる人材を育成するために、まずは「当事者意識」というのが重要なキーワードになってくるんじゃないかと考えています。先ほどの話ともつながるんですが、社会の動きや他の人たちとの関係のなかに置かれてはじめて、なぜ学ぶのか、何を学ぶのかといったような学ぶことの意味や必要性が生まれてくるんだと思います。

教科を問わず、自分が学ぼうとしている事柄に対して当事者意識を持てているかどうか

というのが、主体的に学ぶということと深く関係している気がしています。

殿垣　それはやっぱり、宮崎先生が先ほどおっしゃっていたイノベーションということともつながってきますよね。

宮崎　まさにそうです。キャリア教育の文脈でよく生徒に話したりするんですが、自分のやりたいことと社会で求められていることの接点を見つけて、それを実現するのが「仕事」だよって。そうした接点で新しいウォンツが見いだされるときに、よりよい社会を創り出すイノベーションが起こるんだろうと思うんです。ビジネスの世界だけではなくて、広くソーシャルイノベーションも含めて。

大畑　私は、学びとは「変身」することだと思っています。進化論で有名なチャールズ・ダーウィンの言葉に、「最も強い者が生き残るのではなく、最も賢い者が生き延びるのでもない。唯一生き残ることができるのは、変化できる者である」というものがあります。社会が加速度的に変化しているなかで、自らがどれだけ変化していけるかが重要だと思うんです。

宮崎 本当にそうですね。そう思います。

大畑 人は変化することを怖がってしまうけど、本来とっても楽しい、ワクワクするものでもあるんですよね。たとえば、好きな人ができるとそれまで見えていた景色がガラッと変わって、違う自分になってしまったような気がしますよね。そういう学びを生徒たちにもしてもらいたいと思うんです。そして、私自身も、社会の変化にアンテナを張って自ら「変身」していきたいですね。教師自身が変化を恐れず、アクティブ・ラーナーとして変わっていけるかどうかに、教育の未来がかかっていると思います。

（2018年8月2日実施）

【鼎談者紹介】

殿垣　哲也（とのがき・てつや）

兵庫県立東播工業高等学校体育科教諭。

民間教育研究団体「学校体育研究同志会」に所属。生徒の生活課題に根ざした体育の授業研究を進め、長年にわたり革新的な実践を展開している。

大畑　方人（おおはた・まさと）

東京都立高島高等学校公民科教諭。

シティズンシップ教育を中心に先駆的な実践を積み重ね、研究会や講演会でも多数成果を発表。２０２２年にスタートする新科目「公共」の教科書編集・執筆にも携わっている。

宮崎　芳史（みやざき・よしふみ）

新潟県立佐渡中等教育学校地理歴史科、社会科教諭。

民間の旅行会社で社会人経験を積んだのち、２０１４年より現職。現任校では日本史や世界史などを担当するかたわら、進路指導部としてキャリア教育の分野でも活躍している。

〈対話〉していただいた3人の先生の授業実践を〈事例〉としてご紹介する。

鼎談のなかで交わされたアツイ議論を下支えしている先生方の実践をのぞいてみよう。

事例❶

高校生のアイデア！高島平に「にぎわい」を取り戻すために

東京都立高島高等学校　大畑 方人先生

大畑先生は、担当する政治・経済の授業のなかで「地域社会を築く」という単元を4回のシリーズものとして構成してきた。

2017年5月24、25、29日の3日間にわたり大畑先生の授業におじゃまし、取材をさせていただいた。

取材した授業の概要

大畑先生は「高島平」を取り上げる全4回の授業を、事前学習（1時限分）、フィールドワーク（2時限分）、事後学習（1時限分）に割り振っている。

(2017 年 5 月 24 日)

1 時限目：高島平、好きですか？

高島平の歴史と今について新聞記事などを手がかりに確認する。グループに分かれ、ブレイン・ストーミングをして高島平の「好きなところ（評価できる点）」と「嫌いなところ（改善すべき点）」を出し合い、まとめる。各グループでまとめたものを、KP シート * を用いて、クラス全体に向けて発表する。

(2017 年 5 月 25 日)

2・3 時限目：書を捨てよ、町へ出よう

日を改め、フィールドワークでは、前時ブレイン・ストーミングに取り組んだグループの仲間と一緒に高島平の町に飛び出し、①町を歩きながら評価できる点･改善すべき点を見つけ、写真におさめ、気づいたことをメモしておく、②実際に高島平で生活している人たちにインタビューをする。

(2017 年 5 月 29 日)

4 時限目：高島平の未来に僕らの声を届けよう

自分たちのグループがフィールドワークを実施したそれぞれの地域に「にぎわい」を創出するアイデアを、前時のフィールドワークをもとに提案する。グループ内でアイデア出しをした後、ワールド・カフェ方式で、他のグループの人たちとアイデアを共有し、最終的に自分たちのグループの提案をブラッシュアップして、KP シート * にまとめ発表する。

＊ KP シートの KP とは、紙芝居プレゼンテーションのこと。

ブレイン・ストーミングで色の違う付箋を使ったり、発表するときにはKPシートを用いたり、ワールド・カフェ方式でアイデアの共有をしたり…。授業のなかでは、生徒たちの活動を促す様々な方法が取り入れられている。方法的な工夫だけでなく、フィールドワークに出発する前にルールやマナーを確認するなど、ぬかりない準備によって、一連の授業は成り立っている。

大畑先生が社会科の教員として授業を行っていくうえでの一番の核は「生徒たちが、他者との違いを認め合って、多様性を尊重して、より民主的な社会をつくっていく、その一助になれたらな」という思いだと言う。今回の授業でフィールドワークを実施するのも、生徒にとって「いろんな大人」と接することで、『社会』の見え方が変わってくることが重要で、そのためには「高校生にとっての斜めの人」がポイントになるからだ。また、本授業は、行政の施策とリアルタイムでつながっている。

高島高校のある板橋区では、高島平を〈東京で一番住みたくなるまち〉にするための都市再生の方向性を示した地域全体のグランドデザインを策定し、パブリックコメントを募集している。この単元の最後に、生徒たちは自分たちのアイデアを区の担当者に提案するのだと言う。生徒たちにとって、政治参加は身近なものになりつつある。

授業実践を支える仕掛け・思い

Q：「地域社会を築く」の４回シリーズの授業のねらいについて教えて下さい。

A：今回の地域社会の課題を考える授業についていうと、生徒に身につけさせたい力は３つあります。

１つ目は、地域の課題を発見する力です。生徒の7割くらいは自転車で通ってくる地元っ子で、朝から晩まで部活動をやっています。自分もそうですが、普段自分が生活している居住空間のなかでは「問題を探そう」と思わない限り「問題」には気づけないものです。課題を探る、探究する力をまず身につけさせたいです。２つ目は、課題をもとに解決策を考える力です。３つ目は、課題、解決策を人に説明する、言葉の力です。

さらに言うと、考えて発表したことをもとに、行動に移してほしいと思っています。たとえば、それは、板橋の区議会選挙であるとか、町内会への参加であるとか、最終的には行動に移せること。学校という場を離れても年の違う人たちと意見を交わしながら、よりよい社会の形成者になってほしい、といった目標が最終的にはあります。

Q：授業のなかで一貫して生徒にとっての身近さ・具体的であることに注目していたように思ったのですが…。

A：政治や社会問題を考えさせるうえで、一番の問題は生徒の無関心です。だから、生徒たちの無関心のバリアをどうやって打ち破るか、これが自分の政治・経済の授業のテーマです。関心のあまりない生徒たちにチョーク・アンド・トークの授業をしても、テスト前に覚えてその30分後には忘れられてしまう、これではまずいと思いました。生徒たちの実態をふまえて、彼らの関心をいかに惹きつけるか。無関心のバリアを取っ払うために、どんなふうに授業ができるか。そう考えたときに、自分のなかで「3Cがある授業」を心がけています。

1つ目のCは、「キャッチー」です。無関心のバリアをバーンと取り払うためにはある程度のインパクトが必要です。その手法の一つとしてアクティブラーニングがあると思い、勉強してきました。また、ICTを使ったり、楽しませるためにゲームやクイズ感覚でできるものを取り入れたりもしています。

2つ目のCが、身近さという意味での「カジュアル」です。身近な問題であり、日常性です。その部分については、地域社会はもちろん身近なのですが、4月の授業では、まず、学校の問題を取り扱います。学校は生徒たちにとって一番身近な世界であり、先生という権力を持っている人がいて、校則というルールがあり、ホームルームや部活動といった合意形成をしていく場があり、学校も政治的な現象が起きている場だよね、ということから始めます。

たとえば、「自由とは何か」という難しい問いを投げかけるのではなく、みんなで靴を脱いで机の上に立ってみて、見慣れた教室でも別の角度からは違って見えてくること、この楽しさを知ってもらいます。そのうえで、普段見ている政治や経済といった一見するとわかりにくいことを、違うところから見てみたら、政治や経済の面白い側面が見えてくるんじゃない？と生徒たちに投げかけてみるのです。男女で結婚できる年齢が違うのはなぜ？自分が死ぬまでにしたいことって何？大人って何だろう？…そのうえで、政治って何だろう？というふうに。学校の問題から政治の本質、たとえば、権力とか合意形成を図っていくことについて考えさせる。そのうえで、身近な地域社会の課題から都や国、グローバル社会へと、だんだん自分から広げていくというイメージをもって授業を計画しています。

3つ目のCは、「クール」です。政治について語る、社会問題について関心があることをカッコイイと思ってほしいです。どうしても生徒たちは、部活ができる・スポーツができる、という側面からカッコイイということを考えがちですから。政治や社会について語る大人や大学生に実際に来てもらって授業を進めています。だから、教育実習生に関わってもらうこともよい機会だと考えています。

Q：「地域社会を築く」の4回シリーズの授業は、昨年も実施したと伺いましたが、今年のこの後の授業の展開、着地点について、いろいろと思案されているようですね。

A：昨年は最終的に区役所の方に来ていただき、生徒たちの提案を聞いていただき、講評をしていただきました。やっぱり、今年も、実際に区役所の人に生徒たちの提案を聞いてもらいたい、読んでもらいたい、と思い、早速メールを送りました。昨年も来ていただいた方なのですが、板橋区の高島平グランドデザイン担当課の方に連絡をしています。ちょうど今まさに、板橋区がパブリックコメントをやっていて、地域住民の声を集めている状況だということもあります。

次の回からは、教育実習生の地方自治を扱った知識的な部分の確認の授業になるのですが、4回シリーズの授業は、地域社会に興味をもって考える、というトータルで十数時間続く授業のイントロ部分になります。最終的には、区役所の方に来ていただき、生徒たちには、模造紙でしっかりしたものを作って発表してもらおうと思っています。

今回、この授業の着地点について躊躇していたのは、結局、小学生でも思いつく内容のものではなく、しっかりした内容のものを作りたい、提案のレベルを上げたい、ということがあったからです。ワールド・カフェ方式などを通して、アイデアの量も多く、質も高まっていたので、やり方次第で変わるのだな、と思いました。

Q：参加型学習の取り組みをやってみて、生徒たちの力がついた、と思う瞬間について聞かせてください。

A：生徒たちは、最初はほとんど話せないです。しかし、こういう授業を重ねていくにつれて、喜んで話すようになります。その瞬間っていうのは、やっぱりこうした授業を続けていくことで生徒は確実に変わるな、と思います。

今のところ、グループで意見を出してたくさん話すことを中心にしていますが、次の段階では、前に出てプレゼンができるようになってほしいです。プレゼンの機会を用意することはできていないのですが、結局は、自分の考えを人の考えとぶつけ、表現し合って、伝え、聞いて、コメントをする、そういうことができるようになってほしいです。

たとえば、フィールドワークをしていても、インタビューの紙を持ちながら定型文のみを読むだけの生徒もたくさんいます。質問力とかコメント力、広く言えば、言語能力ですね。

Q：どんなところにやりがいを感じていますか？

A：（前任校の）私立の学校に比べれば、今は自分に任されている部分が多いです。授業の自由度が高いことは、個人的には嬉しいですが、学校や都立の教育全体のことを考えると、もちろん、足並みをそろえた方がよいところもあります。

ただ、どの学校でもどの先生に教わっても同じになると、教師はいらなくなってしまう…。昔は、個性のある教師がどの学校にもいて、その時代は一人ひとりの教師の授業の裁量が大きかったのだと思います。今は授業以外の雑務が多く、授業準備に十分な時間を割くことができないのが現実ですが。

Q：授業に関してはどうでしょう？　特に、学校という身近なところから政治を考えるときの難しさはありませんか？

A：まず、日本の今の中学校や高校のルールは社会から見てもおかしい、学校独自のルールが多いのではないかな、と思います。たとえば、外見的なことで言えば、本当に全員同じ白いスニーカーを履かなくてはいけないのでしょうか。教師は二言目には社会に出ればルールがあるから、と言いますが、その社会が変わってきているのだと思います。

　だから、高校3年生くらいになって、中学校・高校で植えつけられてきた価値観を解体させることにはやりがいを感じます。生徒たちには自分たちが正しいと思っているルールや常識だと思っていたことを疑うことの重要性を意識的に伝えるようにしています。

Q：とはいえ、生徒たちには、まずは常識、価値観の形成が必要なのではないですか？　学校における秩序（校則）との対立になってしまうのでは？

A：その点について、こういう話をするときには、ちゃんと手順を踏んで提案しなければ変わらない、ということを伝えるようにしています。

　生徒たちにしてみれば、生徒総会などで、生徒たち自身の提案によって何かが変わったという達成感を得ることができていないのだと思います。もし学校のルールや校則を変えたいのであれば、ただ不平不満を言うだけではなく、正しい手順を踏んで行動に移し、自分たちのことは自分たちで決められるようになろう、と投げかけるようにしています。

Q：社会とのつながり、将来の生き方とのつながりを考えた授業が重要と言われますが…。

A：主権者教育という言葉がここ数年クローズアップされていますが、あらゆる教育活動が主権者教育なのだと思います。すべての教師が市民性を意識して、授業をする必要性があるのだと思います。その点、自分としては主権者教育をそんなに意識しているわけではないのですが、主権者教育にも広い意味と狭い意味とがあるのだと思います。

狭い意味で捉えると、選挙教育のようになってしまいますが、広い意味で捉えれば、市民性や他人事を自分事にしていくような意識をもたせるための教育であり…。そうであるならば、学校教育すべてが主権者教育なのだと思います。

Q：今後の課題について教えて下さい。

A：「自主性」と「主体性」の違いに注目しています。「自主性」はやることが決まっていて、ある程度目標設定がされていて、それに向かって生徒が積極的に参加するというものです。でも、目指しているのは「主体性」の方で、やるべきこと、課題そのものを生徒が自分で決めるというものです。これが本当の理想的なアクティブラーニングのかたちなのではないかな、と思っています。一人の授業のなかだけではできない、とても難しいものだとは思いますが。

たとえば、今回の授業では、生徒たちによる課題発見を意識していますが、調べ方や話し合いの仕方などは、教師の側からお膳立てされたものです。そうしたことも、最終的には生徒に委ねたいと考えています。

事例❷

スポーツの面白さで対等な関係を紡ぎ出す

兵庫県立東播工業高等学校　殿垣哲也先生

殿垣先生は、頭と身体をフルに使って学びを深め、誰もが自然と夢中になれる体育の授業を実践してきた。2017年2月8日、殿垣先生の授業（1時限分）におじゃまし、取材をさせていただいた。

取材した授業の概要

殿垣先生は、高校1年生の選択授業で、アメリカンフットボールが起源のフラッグフットボール*を取り上げている。

*フラッグフットボールは、アメリカンフットボールと同様に、タッチダウンを目指し、セットプレーを繰り返して得点を競うスポーツ。ただし、タックルの代わりにプレーヤーの両腰に付けたフラッグを取るところから、フラッグフットボールという名称になった。アメリカンフットボールよりも安全に、少人数でも楽しめるように開発され、日本では1990年代以降本格的に普及してきた。（日本フラッグフットボール協会ウェブサイト参照：https://www.japanflag.org）

(2017年2月8日)

準備運動、グループやペアでボールのパスの練習

前時の振り返りと本時の目標の共有
運動場の真ん中に集合し、前時の授業を振り返りつつ、本時のポイントが作戦の検証にあることを確認する。

作戦の練習
チームごとに前時までに立てた作戦を練習する。

練習試合(作戦の検証)
作戦を検証するために練習試合を行う。試合の前に、①プレーをしてない人はコーチ役として状況を判断して、試合が中断したらすぐに次のプランについて指示を出すこと、②本時の目的は作戦を試してみることであるためアドリブは控えること、を確認した。

振り返り
実際に作戦を試してみて、何に気づいたのか、次時以降どうしたらいいのかということを書き、次時みんなで共有する。じっくり思考を深めるために、本時の振り返りでは周りと話さずに自分の考えを書く。

殿垣先生は、フラッグフットボールを教材にした実践を25年間、ほぼ毎年続けてきた。このスポーツの魅力の一つは、作戦を練り上げ、それを実行する面白さにあると殿垣先生は言う。フラッグフットボールでは、毎回自分たちの意図したセットプレーからゲームがスタートでき、プレーとプレーの間にはハドルと呼ばれる作戦会議の時間も設けられている。「一つの作戦だけで相手を騙すというのもあるし、3回の連続した作戦のなかで、その組み立てによって敵を欺くこともできるんです」。その技術の巧拙だけでなく、いつどんな作戦を採用するかという判断が、ゲームの面白さを左右するのである。

殿垣先生が本時の授業において、ただ〈上手な〉プレーではなく、よく〈考えられた〉プレーを重視していることが象徴的に現れた場面があった。あるチームの一人のプレーヤーがラインまで一気に駆け上がり、自陣からの大きなパスを受けて、得点したときだった。プレーヤー個人の高い運動能力で相手チームを圧倒したプレーで、メンバーは大喜びである。そこで殿垣先生が一言、「でもそれ、作戦にありますか?」。授業後、先生にお話を伺うと、「タッチダウンは決まったけど、あれは全員が走ってばーっと投げただけで、ワンマンプレーヤーが活躍しているプレーではあっても、よく考えられたプレーではないですよね」とのこと。もちろん、いきなり「考えなさい」と言っても、何をどのように考えていいのかまったくわからない。考えるためには、そのための材料がなければならないからだ。だからこそ、本時までに時間をかけて、1対1から2対2、3対3、そして試合形式と同じ4対4と、それぞれの場合のオフェンスとディフェンスについて、各ポジションの役割や動き、作戦立案のポイントを順を追って学習してきたのだという。そしてその集大成が、まさに本時の活動で検証の対象となっていた各グループの作戦なのだ。

考えたことを、実際にやってみる。実際にやってみたことを、また分析して、次のプレーにつなげる。そうした頭と身体の往還関係が活発化しているのは、「作戦の検証」という本時の目的が明確にされているからこそだ。殿垣先生は途中で、「作戦がよくわかっていなかったら、作戦会議の時間、ちょっとくらい長くしてもいいぞ」と指示を出す。生徒たちもそれに応えるように、頭を使って、基本となる作戦を選び、それぞれにふさわしいポジションや役割を決め、一つずつ動きを確認していく。最初は全部暗記しているからと作戦ファイルを置いたままにしていたチームも、気づくとファイルの周りに集まってみんなで内容を見返している。また、あるチームでは、一度目のセットプレーでライン近くまでボールを進めながらタッチダウンは奪えなかったのだが、「惜しかったな」という声に対して「いや、一度目はあそこまで上げられたら十分や」と返していた。殿垣先生がおっしゃっていた、「3回の連続した作戦のなかで、その組み立てによって敵を欺く」というフラッグフットボールの面白さが生徒たちに実感されているようだ。

授業実践を支える仕掛け・思い

Q：フラッグフットボールを教材にした授業を長く実践されていると伺いましたが、このスポーツを選んだのはなぜですか？

A：私自身アメリカンフットボールが好きだったということと、フラッグフットボールというスポーツが持っている特質からです。

　まず、フラッグフットボールの一番の特質は、子どもたちの技術差があまり出ないということ。サッカーやバスケットボールなど他のスポーツでは、ドリブルとかパスとかシュートとか、技術をともなうものが結構多いですよね。体育の苦手な子からしたら、そういう部分でつまずくことが多い。それに対して、フラッグフットボールは基本的にボールを手で持って走るというものなので、技術差が出にくいんです。

Q：なるほど、他のスポーツと比べて、体育の得意な子と苦手な子でスタートの時点から分かれてしまうということが起こりにくいんですね。

A：そうなんです。それは、2つ目と3つ目の特質にもつながってきます。

　2つ目は、アメリカ型スポーツで、分業制

が進んでいるという点。ディフェンスもオフェンスも、一人ひとりが役割を持っているということが大きいですね。
3つ目は、ハドル（試合中に行われる作戦づくり）に現れているように、毎回自分たちの意図したセットプレーからゲームが始められる点です。サッカーとかバスケットボールだとどうしてもフリーボールだし、ましてや体育の授業でやるとなると、自分たちの意図したプレーってほとんどできないですよね。そのなかで、運動能力が高い子や経験者はヒーローになれるけれど、苦手な子は臨機応変に対応できずにどんどんお客さんになってしまいます。
つまり、フラッグフットボールは、体育の苦手な子も主人公になりやすいし、どの子も参加しやすいスポーツなんですよね。それが、この教材のよいところだと考えています。

Q：授業づくりの際、体育と生徒の生活課題との結びつきをポイントにしていらっしゃると伺いました。

A：体育において、スポーツそのものを教えるということはやはり重要です。でも、それに加えて、スポーツを自分たちで変えていったり、自分たちで企画や運営をしたりすることもすごく重要だと思うんです。それは、自分の生活やクラスでの生活のなかで問題を解決していく能力、集団として話し合って課題を解決していく能力につながっている。グループ学習を通してそういう能力をつけさせることも、体育の一つの教科内容なのではないでしょうか。
体育という教科は、スポーツのルールが理解できたり、技術が向上したり、体力がついたりというだけではなくて、自治的能力や問題解決能力が培われる教科だと僕は考えています。

Q：「自治」ということがキーワードとして出ましたが、先生が考えていらっしゃる自治的な集団というのは具体的にどのような集団ですか？

A：「異質協同」ということが重要になってくると思います。異質な者どうし、自分の要求と相手の要求を足し算引き算して、折り合いをつけていく。

同質的な集団をつくって活動させる体育の授業って結構多いですよね。たとえば、跳び箱だったら、8段跳べる子、5段跳べる子、3段跳べる子に分けて、それぞれで目当て学習をするというような。跳べる子はより跳べるようになるし、跳べない子は跳べない子なりに楽しめばいい、という考え方ですよね。

でも、それで子どもたちが伸びるのかと言ったら、必ずしもそうではないと思うんです。運動能力は低いけれど戦術を考えたりプレーを分析するのが得意な子がいたり、考えることは苦手だけど運動能力がすごく高い子

がいたり、そんななかで揉まれながらお互いを認め合うというのが、やはり大切なのではないでしょうか。

僕にとって自治的能力というのは、異質な者どうしが対等、平等な状態で一つの集団をつくっていくというイメージですね。

Q：今のお話を伺って拝見した授業を改めて振り返ってみると、できる・できないではなくて、フラッグフットボールという競技そのものの面白さを生かしながら、自然と「異質な者どうしが対等、平等な状態」になれるような仕掛けがなされていたのだと気づかされます。「考えながら動く、動きながら考える」という面白さや、作戦通りに決まったときの気持ちよさは、一人では味わえない。しかも、運動能力の高い子も低い子も、同じように楽しめてのめり込んでいけますよね。

A：そうですね。できるか・できないかという一元的な価値観ではなくて、同じ土俵で競い合えるということが大切だと思います。今回のフラッグフットボールだったら、もちろん運動能力の差はあるけれど、みんなが同じ土俵で話し合いができているし、同じ土俵でプレーできていると思っています。

真に「同じ土俵で競い合える」ということ、上手い下手の一元的な価値観を乗り越えた授業というのは、能力の低い子も楽しめるというだけではなくて、同時に能力の高い子も楽しめるということでもあります。

たとえば、チーム全員がボールに触ってから相手チームに返さないといけないというルールや、全員シュートしたらボーナス点がもらえるというルールでプレーさせる体育の授業ってありますよね。でもそれ、プレーヤーはそのスポーツを心から楽しめるでしょうか。そういうルールだと、最後はお情けシュートやお情けパスみたいになってきて、それが「平等」だったり「同じ土俵に立っている」と言えるのかというと、それは少し違うのではないか。やはり、みんなが楽しめるスポーツを創るっていうのが前提ですよね。どのような意味においても、一部の者が楽しんでいて、一部の者が楽しくないと思っているのは違うんだと思います。

Q：一元的ではない価値観で見るといったとき、やはり成績のつけ方が気になります。

A：実技的な要素が加味される種目ももちろんありますが、フラッグフットボールに関しては、単元の途中と終わりの2回の筆記試験だけで評価します。この前単元途中の試験をやったばかりですが、みんなよくできていて満点ばかりでした。

単元の途中に試験をするのは、今回が初めてです。長期の休みを挟んで少し間が空いた

ので、ここまでの認識を一度きちんと評価しておこうと思ってのことだったのですが、結果としてすごくよかったと思います。

認識を整理するという点では、2日前に作戦会議の時間を取れたことも大きかったですね。それも、きっかけは雨が降って実技ができなかったからだったんですが、結果として雨が降ってよかったです。生徒たちも、振返りシートに「今までチームできちんと話し合う機会がなかったから、作戦会議ができてよかった」って、何人も書いているんですよ。

今日の授業は、実技の時間としては2ヶ月ぶりでしたけど、作戦会議で認識を整理したおかげで、それを感じさせない動きをしていたと思います。今回のフラッグフットボールの実践がうまくいっているのは、実技だけではなくて、認識を問うたり、話し合いをしたりする場をしっかり取っているのが大きいと思っています。

Q：今後の課題について教えて下さい。

A：マナビラボ（ウェブサイト）にも書いてありますけど、アクティブラーニングって新しいものではまったくなくて、むしろ「すでにみんなやっているんじゃないかな」と感じています。アクティブラーニングという言葉だけが独り歩きをして、「活動あって学びなし」という状態に陥らないかという危惧もあります。そうではなくて、やはり本質的な部分に目を向けて、目的・方法・内容をしっかり吟味していく授業づくりをしていきたいですね。

事例❸

プロジェクト継続の鍵としての地域

新潟県立佐渡中等教育学校　宮崎芳史先生

宮崎先生はキャリア教育の一貫として、生徒有志による「佐渡を豊かにする『中等生PROJECT』〜中等生が始めるクリエイティブな島づくり〜」を進めてきた。2018年1月20日に宮崎先生の授業におじゃまし、取材をさせていただいた。

取材した授業の概要

宮崎先生は、プロジェクトの方向性が左右される導入部の授業で、3つのワークショップ（全4時間）を実施している。

ワークショップⅢのなかに「大人からのアドバイスタイム」が設けられていることからわかるように、プロジェクトは、地域の方々——たとえば、レストランを経営す

（2018年1月20日）

ワークショップⅠ
～豊かさとは何か？～

授業の参加者全員で行うアイスブレイク。ゲーム形式で「佐渡の魅力」についてのインタビューをする。インタビューをふまえ、生徒たちは個人で自分の考える「豊かさ」について、一言にまとめ、発表する。

ワークショップⅡ
～PROJECTが目指す佐渡の豊かさビジョン～

チームに分かれ、自分たちのビジョンを探る作業。用紙を半分に折り、左側には「佐渡の豊かさ」について、右側には「プロジェクトを終えたとき、どんなふうになっていたいか」、チーム内で考えたことをまとめる。最後に、自分たちのチームがこのプロジェクトを通して目指すビジョンを発表する。

ワークショップⅢ
～アイデア創出＆企画書づくり～

ビジョンを実現するためのアイデアを出し合い、具体化していく作業。チーム内でアイデアを出し合った後には、大人からのアドバイスタイムがある。大人からのアドバイスを考慮しつつ、チームで企画書の作成に着手する。

るシェフ、ゲストハウスのオーナーで佐渡の郷土料理「いごねり」の生産者、ビジネスデザイナー、佐渡市職員、地域イベントのディレクター、地域おこし協力隊など――の参加によって成り立っている。

キャリア教育を「生徒の心に本気になる火をつけること」として捉える宮崎先生によれば、「社会のなかで本気でやっている大人と関わる」ことは、生徒たちが「自分のキャリアプランニングにおける目的意識やビジョンを明確にし、本気になっていく」うえで必要不可欠なのだと言う。実際に、たくさんの地域の方々の協力を得て、プロジェクトを運営していくなかで、生徒たちからは「自分たちは恵まれている」「恩返しをしたい」「佐渡の魅力は人だ」という言葉が出てくるようになった。プロジェクトにおける学びの中心を、佐渡の魅力の発掘・発信による課題解決と考えていた当初、こうした発言は予想外だった、と宮崎先生は振り返る。生徒たちにとっては、プロジェクトを通して、地域の方々と本気で関わる経験そのものが重要な学びであり、その経験から佐渡の魅力は捉え直されていた。

授業実践を支える仕掛け・思い

Q：プロジェクトを始めたきっかけを教えて下さい。

A：佐渡中等教育学校に赴任して、４年生（高校1年生）の担任になったときに、高校1年生からどうやって3年間キャリア教育を積み上げていくか、考えました。そのときに、「いかに地域の人と学校をつなげるか」ということが中核になると思いました。

最初に取り組んだのは「地域人と話そう」という授業で、佐渡キャリア教育ネットワークというところで知り合った地域おこし協力隊の方を招いて実施しました。地域おこし協力隊は生徒たちにとってすごく勉強になるモデルだと思っています。というのも、地域おこし協力隊の人たちは、ゼロから自分で仕事を作り出していく、しかも、佐渡という場所に来て課題を見ながらクリエイティブに何かを生み出していかないといけない、そういう考え方に触れることが生徒たちの刺激になるからです。

実は前任校でも、キャリア教育を推進するＮＰＯ法人みらいずｗｏｒｋｓに協力してもらって「職業人と話そう」という授業を行っていました。そのとき授業に参加してくれた地域おこし協力隊の方から「ないものは自分が作ればいいんだ」という考えが出てきて、それによって、生徒たちの発想が変わっていったんです。

地域と生徒をつなぐことには教育上すごく意味がある、と実感しました。これがこのプロジェクトの大元にあります。これまで、新潟大学のゼミやいろんな企業の方に来てもらって、生徒が大学生や職業人と話す機会をつくったり、佐渡キャリア教育ネットワークに「佐渡のしゃべり場」という場をつくってもらって、そこに生徒が参加するよう背中を押したりしてきました。

自分のなかでのビジョンで、ここは絶対ぶれちゃいけないと思っているのは、社会との関わりの先にある「社会人としてどうやって世の役に立つか」ということです。しかし、学校のなかだけでは本当に社会で求められているものがどういうものか実感をもって説明できない。

生徒が、世のなかで求められている力ってこういうものだな、社会ってこういうものなんだな、と体感するような機会をつくるために、その方法論として、できるだけ学校の外の社会の人に関わらせたい、と思ってこういう活動をしています。

Q：学校と地域とのつながりに注目しているのですね。

A：一般的な教育はどうしても「生徒のため」ということだけになりがちだと思います。「地域のため」というよりは「生徒の成長のため」、極論でいえば、佐渡に帰ってこなくてもよいし、地域のためでなくても、生徒が成長できればよいという…。でもそれだと、地域の人たちが教育に協力するモチベーションにつながっていかないのではないでしょうか。学校が「地域に貢献する」と本気で思っているからこそ、地域の人たちは、佐渡のため、地域のため、というところに意味を見出して教育にも協力してくれるのだと思います。

たとえば、授業では「地域おこしプロジェクト」や「佐渡のためにできる仕事を考えよう」というテーマで、リアルな（地域の）課題を設定して、生徒たちにその解決方法を考えてもらいましたが、生徒たちだけではできない、地域の人や大人の支えが必要だ、協力者を呼び込みたい、となったときに、「地域のため」ということを本気で思っていないと協力してもらえない。

生徒たち自身の、「佐渡のため」「地域のため」という本気の思いが最終的には重要になってくるんです。

このプロジェクトは、当初、学年のキャリア教育として実施していましたが、今年度からは学校全体で進路指導部として取り組んでいます。3年目に入りましたが、今後、進路指導部としてやっていくためには自分だけの力だけではできないので、いかに地域の組織づくりを進めていくか、協力者をつなげていくか、に重点を置いて活動しているところです。

Q：社会の本気の大人との本気の関わりが重要ということですか？

A：社会人経験をしてきて、世のなかで求められている力は、勉強だけではなく土台としてのコミュニケーション力だと感じていました。そういう力をどうやって育てていくのか、と考えたとき、最初は、社会人経験者として「世のなかではこういうものが求められている！」ということを自分が伝え、生徒たちを本気にさせたいと思っていたのです。

　でも、教員になった途端に、自分の言葉をすごく嘘くさく感じるようになったんです。企業人として語っていた言葉にはリアリティがあったのですが、教員として言うと、教員の都合のよいように世のなかを見せて生徒をうまく丸め込もうとしているような…。もちろん、教員の言葉で生徒が変わることもあると思うのですが、教員という立場から発することの嘘くささを感じてしまった。それよりも、生徒をもっといろんな人とつなげて、刺激になるような出会いを演出していくことの方が重要なのではないかな、と考えるようになりました。

　今、自分のなかでは「出会いを刺激に」というのがキーワードになっています。前任校から佐渡に赴任して以来「よし、学校に誰か連れてこよう！」と思って、自分から地域に飛び込んできました。

Q：人と人とをつないでいくポイントとは何ですか？

A：誠意だと思っています。企業時代に学んだことですが、人をつなぐとか人から信頼されるというときには、誠意を尽くすということが大事なのだと思います。学校の外部とのやりとりをするときには本当に心を尽くして、協力してくれる方、一人ひとりのためになっているかどうか、常にちゃんと考えなければならない。

　たとえば、今日授業に参加してくれた地域の方々が、大人と子どもの関わる機会をもっと作らないといけないというモチベーションをもっていることを知っているからこそ、こういうプロジェクトの授業への協力をお願いできるんです。

Q：先生にとって教師とは？

A：学校にどっぷり所属して、「学校の教育活動に協力してください」と言われても、企業を経験した身からすれば、いつ、どこで、そんなボランティアをするような時間があっただろう…と思うんです。たまに、時間を絞り出して協力できることもありますが、それは継続的なものとはなりにくいでしょう。結果として教育につながる、というスタンスでなければ誰も協力してくれないと思いました。

むしろ、地域づくりの方に、つまり「佐渡のため」「佐渡の企業のため」というところに軸足を置いて、そこから学校の教育活動に落とし込んでいくという方がよいのではないかな、と思っています。

以前から「まちづくり」には興味がありました。どうやって人と人をつなげていくか、豊かな環境を守っていきたいと思える人が増える仕掛けをどう作るか。教員になったときにも、人と人をつなげる場づくりという意味での「まちづくり」に貢献したい、というのがありました。地域づくりの方に軸足を置いて、そこから学校の教育活動に落とし込んでいくことは、一般的な教育論からすると建前の話なのかもしれませんが、自分にとっては本音の話なんです。こんなにやりがいがあって楽しい仕事はないと思います。自分にとって「まちづくり」と生徒の成長は完全につながっている、両輪です。

Q：コーディネーターとしての教師の役割を重視しているのでしょうか？

A：それはありますね。教員が示すものは知識だったり、熱い思いだったりすると思うのですが、コーディネートするとか場づくりをすることも重要なのだと思います。今の世のなかで求められている資質・能力とは何か、それを身につけさせるにはどうしたらよいか、と考えたとき、場づくりの仕方、クリエイティブなアイデアの出し方、環境の整え方、人と人をどうつなげていくか、そのときに何を心掛けなければならないか、ということも重要ではありませんか。でも、これまでそういうことを教員が見せてこられたか。一部の部活動に携わる先生はいろんなところと協力する姿を見せてきたのだと思いますが、学校のなかだけで動いている教員がそういうものを見せることができるかというと、できないと思います。

　自分は、生徒の隣にいる教員というよりは社会人として、背中を見せていきたいと思っています。

Q：授業ではクリエイティブということが一つのポイントになっていましたが、「クリエイティブ」を育てるとは？

A：クリエイティブなアイデアは雑談のなかから生まれるというのが大前提だと思っています。いかに雑談を生み出せるかですね。子どもたちのなかに答えがあってそれを引き出すわけですが、やっぱり子どもたちの世界は狭いので、世界を広げることが大事だと思います。たとえば今日は、佐渡の綺麗な写真が載っている雑誌やガイドブックを置いたり、去年のプロジェクトの報告書をいくつか並べたりしてみました。これだけで子どもたちの世界は広がるのだと思います。

　生徒たちと一緒に、雑誌を1ページずつめくりながら、彼ら・彼女らのなかから出てきたアイデア、たとえば「オシャレ」のイメージに少しでも近いものを探してみたり、音楽を流して生徒がワクワクする雰囲気をつくったりすることも、生徒たちのクリエイティブなアイデアの創出につながると思います。これまで、学習における「不要物」と言われてきたようなものが、実はクリエイティブを生む種になるのかもしれませんね。

とはいえ、自分のやり方や信念を周りの先生に押し付けてはいけない、と思っています。カチッとやるところはカチッとやる、学校らしいところの良さは良さとして、他の先生方の理解や協力を得ながら、メリハリをつけて、こうした取り組みを進めていくことが重要ですね。学校の外の協力者の方々にお願いしているのは、それでも足りない部分です。学校の外とのつながりを作るためには、常にアンテナを張っておく必要があるし、絶対にタイミングを逃してはいけません。いわゆる「クリエイティブ」とは程遠いような泥臭さもあるけれど、これも生徒たちのクリエイティブなアイデアの創出を支えるうえで大事なことだと思っています。

Q：今後の課題について教えて下さい。

A：課題は、やはり、継続性です。最初は自分の学年のために、と思っていたのですが、地域の方々と関わるなかで、地域の方にとっては一回限りでは意味をなさないし、教育活動としてもそうなのだ

と思います。「続けるんだよね」「来年も再来年もやるんだよね」と協力してくださる方々に言われてきて、それに応えていかないといけない、と思いました。

　じゃ、継続するにはどうやっていくか、となったとき、学年ではなく学校（進路指導部）として、ずっと継続していくことができる組織づくりが重要なのだと思います。その意味で、入試が変わってきている今は、チャンスなのだと思っています。校内での組織づくりについていえば、たとえば、いかに新入試に対応できるかという文脈を共有して、こういうプロジェクトを進めていくことができます。

　一方で、外の人がいるからこそできるこうしたプロジェクトを、教員の入れ替わりが激しい公立の学校で継続していくことの難しさもあります。誰が引き継ぐのか、というのが一番悩ましいことですが、学校のなかだけでプロジェクトに必要なノウハウやつながりを引き継ぐのではなく、学校の外（地域）でそれを引き継ぐことのできる組織というのが必要になってくるのだと思います。学校の外で学校のキャリア教育を支援してくれる組織を強化していくことです。つまり、宮崎という教員がいなくても、このプロジェクトが継続していくような仕掛けを考えることですね。地域と学校をコーディネートするような行政の仕組み、一つの学校に所属するのではなく、学校間をつなぎ、地域に所属する地域コーディネーターのような役割もこれからは一層必要になってくるのではないでしょうか。

第Ⅲ部を読み解くための9キーワード

❶ 18歳選挙と成年年齢の引き下げ

2015年6月、公職選挙法の一部を改正する法律が成立し、満18歳以上の者に選挙権が付与されることとなった。また、民法が定める成年年齢についても20歳から18歳に引き下げられる法律が2018年6月に成立し、2022年4月より施行される。なお、選挙権年齢が引き下げられて初めて実施された国政選挙は2016年の参議院議員通常選挙となっており、18歳の投票率は51・2%、19歳の投票率は42・3%であった。

❷ アチーブメントテスト

到達目標を規準とし、それにどの程度到達しているかで学習者を評価する手法。到達目標を規準とするという立場は、相対評価への批判を背景に1970年代半ばに本格的に登場した。なお、現行のアチーブメントテストにおいては、学習の最終段階でその達成を確認する「総括的評価(summative evaluation)」としての機能が期待されている場合が多い。

❸

診断型テスト

B. S. ブルームによれば、「診断的評価（diagnostic evaluation）」とは新しい学習内容に対してどの程度の理解や経験があるのか、つまりどの程度のレディネスが備わっているのかを確認するものであり、入学当初や授業開始時などに行われる。

ブルームは教育評価の機能を「診断的評価」、「形成的評価（formative evaluation）」、「総括的評価」の三つに分類したうえで、それぞれの役割に即して教授者と学習者に有効なフィードバックがなされることが重要であるとしている。

❹

コンピテンシー

文部科学省は「コンピテンシー（能力）」を「単なる知識や技能だけではなく、技能や態度を含む様々な心理的・社会的なリソースを活用して、特定の文脈のなかで複雑な要求（課題）に対応することができる力」と定義している。OECDによる「コンピテンシーの定義と選択」プロジェクトでは、キー・コンピテンシー（中核となる能力）として、①相互作用的に道具を用いる力、②社会的に異質な集団で交流する力、③自律的に活動する力のカテゴリーが示されている。

❺

経験主義と系統主義

経験主義は、学習者の興味や関心を重視し、知識やスキルの習得は彼らが自らの生活に根ざした課題に取り組むなかで経験を通じてなされるという考え方。系統主義は、教育内容は学問的な体系性に基づいて構成されるべきであり、知識やスキルは、系統に沿って段階的に学習されることによって獲得されるという考え方。

❻

シティズンシップ教育

シティズンシップ教育とは、能動的な市民として、多様な価値観や文化によって構成された社会へと参加するために求められる素養を育てることを目的とするものである。１９９０年代頃からイギリスをはじめとし、フランス、ドイツ、アメリカなどを中心に広がりを見せている。日本でも2006年に経済産業省「シティズンシップ教育と経済社会での人々の活躍についての研究会」の成果がまとめられたパンフレット「シティズンシップ教育宣言」を契機として推進の動きが本格化した。

なお、シティズンシップ教育は、主権者教育や政治教育だけでなく、道徳教育や法教育、消費者教育を含めた包括的な概念として用いられている。

❼ キャリア教育

2011年1月の中央教育審議会答申「今後の学校におけるキャリア教育・職業教育のあり方について」によれば、キャリア教育とは「一人一人の社会的・職業的自立に向け、必要な基盤となる能力や態度を育てることを通して、キャリア発達を促す教育」を指す。「キャリア教育」という言葉が初めて政策文書に登場したのは1999年12月の中央教育審議会答申「初等中等教育と高等教育との接続の改善」においてであったが、背景には雇用システムの変化や学校における教育活動が生きることや働くことと疎遠になっていることなどが挙げられていた。

今日では、勤労観・職業観の育成にとどまらず、学校生活、職業生活、家庭生活、市民生活等において様々な役割を果たす過程で自分らしい生き方を実現する、広い意味でのキャリア発達の促進が求められている。

❽ SDGs

SDGs（sustainable development goals：持続可能な開発目標）は、持続可能な世界を実現するために達成されるべき17の目標から構成されており、環境、福祉、教育、産業、国際関係等をめぐる諸課題が含まれている。

2015年9月に開催された国際サミットにおいて採択された「持続可能な開発のための2030アジェンダ」に掲載され、2016年から2030年の間に達成すべく、すでに国際的な取り組みが進められている。

⑨ LGBT、SOGI

LGBTとはレズビアン、ゲイ、バイセクシャル、トランスジェンダーを含む性的少数者の総称である。ただし、こうしたカテゴリーに還元されない性の多様なあり方を意味するためLGBTsやLGBTQ（Questioning）、LGBT Plusといった総称が用いられることもある。さらに、こうした総称が性的少数者の属性を示しているのに対して、近年ではすべての人が持つ性的な属性を指すSOGI（Sexual Orientation and Gender Identity：性的指向と性自認）という用語を積極的に使用する動きもある。

Ⅳ

アクティブラーニング・ブームを超えて生き残る高校

ここまでのまとめ

本書では、〈数字〉と〈対話〉と〈事例〉をもとに、アクティブラーニングを中心とした高校教育のこれまでとこれからを検討してきた。第Ⅲ部までで明らかになったことを、簡単にまとめてみよう。

第Ⅰ部では、高校教育をめぐる改革の動きとその社会・経済的な背景を検討した。高校教育改革は、教育の領域だけではなく、より広く、少子高齢化やグローバル化、情報化、仕事の変化といった社会・経済的な状況の変化を背景に進められてきた。

教育の世界だけ、今だけに着目するような近視眼的な改革ではなく、俯瞰的・長期的な視点に立って、よりよい高校教育のあり方を考えていくことが求められている。また、そうした改革は、実態を知ることからしか始まらない。「イメージできないものは、マネージできない」からである。

第Ⅱ部では、こうした信念から2015年度以降実施してきた全国調査の結果をもとに、全国の高校におけるアクティブラーニングと、それを支えるカリキュラム・マネジメントへの取り組みの実態を〈数字〉で示した。3年分、のべ5万人分のデータから明らかになったのは、高大接続改革が本格化した２０１４年以降、全国の高校におけるアクティブラーニングの取り組みは着実に広まり、個々の先生が独自に取り組むものから、学校全体で取り組むものに変化しつつあるということだ。そして、アクティブラーニングをさらに推進していくための次の一歩として、カリキュラム・マネジメント（学校が組織として教育活動の改善を進めていくこと）が重要であることが示唆された。ただし、これまでの調査結果からは見えてこないものもある。

それは、「これから」どうするか、という問題である。明らかになった実態（今）を前に、「これから」何をどのように変革していくのか・していかないのかを決めるのは、〈数字〉それ自体ではない。〈数字〉をもとに、高校教育の「これから」に関わる人々の〈対話〉がひらかれることが重要なのである。

そこで、第Ⅲ部では、研究者および教員の〈対話〉と最新の〈事例〉から、高校教育の「これから」を展望した。そのために、先生方には高校が直面している今日的状況や課題、高校に期待される役割などについて、それぞれの観点から整理していただき、これからの高校教育について〈対話〉を深めていただいた。

第1章の研究者の〈対話〉からは、

①高校は質の多様化の時代に移行して久しく、少子化が進むなか、各学校の特色づくり

の重要性が叫ばれていること

②高校の担うべき役割として「準備教育か、完成教育か」という古くて新しい問題が改めて浮上していること

③学習者集団の特徴や習熟・成長のプロセスを測る質的な評価の確立と、そうした評価に基づくマネジメントが重要になってくること

④教育と社会との関係をどのように考えるかということ

など、多岐にわたるポイントが示された。

研究者鼎談のなかでポイントとして挙げられた特色あるカリキュラムづくりについては、京都市立西京高等学校エンタープライジング科と愛媛県立長浜高等学校水族館部の事例を検討することを通して、その具体的な内実に迫った。

第2章の教員の〈対話〉では、教師に求められる今日的役割や、これからの高校での学びのあり方について、活発な議論が交わされた。対話から浮かび上がってきたのは、

①これからの教師の役割は、生徒が抱えている課題に応じて、アクティブな学びを生み出す「仕掛け」を考えたり、アクティブな学びを支える関係や環境を整えていくことにあるということ

②生徒と社会を出会わせることの重要性や、教師自身が社会のあり方やその変化に敏感であること

などであり、いずれも3人の先生方に共通した論点となっていた。

アクティブラーニング・ブームとは何だったのか

さて、ここで、本書冒頭の問いに戻ろう。私たちは第Ⅰ部で、「アクティブラーニング・ブームとは何だったのか?」という問いを掲げ、それは「高校教育のあり方自体が問われる改革の動き」であった、という暫定的な答えを示した。第Ⅱ部、第Ⅲ部の内容をふまえつつ、このことを改めて考えてみよう。

次期学習指導要領から「アクティブ・ラーニング」という言葉が消え、「アクティブ・ラーニング」の内実が「主体的・対話的で深い学び」という言葉に引き継がれた今、アクティブラーニングは過去のものになりつつある、と考える人もいるだろう。アクティブラーニングは一過性のブームを形成したに過ぎなかった――そのような総括も実際見られる。

しかし、マナビラボ・プロジェクトの4年間、そして、本書の企画・執筆・編集作業の

なかで、アクティブラーニングというキーワードを通して高校教育のこれまでとこれからを見てみると、まったく異なる印象を抱くのである。それは、アクティブラーニングの核には、高校教育の本質やあり方そのものに触れるような〈何か〉があるのではないか、ということである。アクティブラーニングを単なるブームに終わらせないためには、アクティブラーニングの核にあるものをきちんと整理する必要があると言えるし、これからもそういう整理が出てくることに期待したい。そういった思いを込めて、本書では、私たちなりの整理を試みた。

アクティブラーニング・ブームを通して浮き彫りになったこと――それは、高校は制度上「接続する教育機関」だということである。教育（とりわけ、学校教育）には、一般に、子どもたちを社会に出会わせることが期待されている。そのなかでも大学や社会といった接続先に直結しており、接続先（大学や社会）の影響を最も強く受ける教育機関と言えるのが高校である。

とはいえ、これまで、大学や社会のあり方は比較的安定していて、それらと高校との接続も、比較的安定したシステムとして維持されてきた。こうしたなかで、大学や社会、そしてそれらと高校の接続は、高校での学びを意味づけ、高校教育を支えるものとして機能してきたと言える。高校での学びは、大学や社会からの要請が変化しない限りにおいて、制度レベルで安定性を保障されていたのである。

ところが、いまや状況は一変している。現在でも、大学や社会（への接続）が高校の学びを意味づけるうえで重要なファクターであることは変わらないが、当の社会自体が急速に、しかも大きく変化しつつあるからだ。そして、大学もまた、こうした社会の変化にともなって大きく変わろうとしている。そうした変化への早急な対応を迫られているのが、今日の高校の姿なのではないだろうか。これまで高校での学びを意味づけていたファクターが変化するのだから、必然的に、高校での学びの意味が問い直される。それにともなって、学びのあり方や質も問い直される。

高校においてアクティブラーニングが大きなインパクトを持ちえたのは、高校教育を支える基盤自体が揺らいでいる今日の状況への対応策と受け止められたからだと言える。

つまり、アクティブラーニングをつきつめていくと、方法論を越えて、高校教育のあり方や質を問い直すことへと導かれるのである。それは、高校教育の本質を問うことであり、アクティブラーニング・ブームのその先においても取り組まれるべきものだろう。

本書を通じて考察するに、求められるのは、社会の変化をふまえつつ、自校の教育活動や自らの授業実践を、社会的文脈に位置づけること、そうすることで、高校での学びを意味づけ直すことである。もっと端的に言うなら、「**自分（たち）の教育活動の社会的意義を、自分（たち）で語ること**」ということになるだろう。

シナリオを紡ぐ高校

ここで「社会的意義を語る」というのは、必ずしも「社会的要請に応える」ことと同義ではない。何が違うのか。

社会が加速度的に変わろうとしている現在、そもそも社会をどのように捉えるか、それ自体が議論の的になっている。社会は今どのような状況にあり、どのように変化しているのか、そして、その変化の先にどのような社会が到来するのか——。今日社会に生じている変化の質や、来るべき社会のあり方について、様々な立場から様々な主張がなされている。今後社会がたどるであろう道筋について、無数の〈シナリオ〉が乱立している状況と言ってもよいだろう。

そうしたシナリオのなかには、リアリティがないように思われるものもあれば、多くの人々に、現実のものになりそうだと思われているものもある。また、無名の脚本家によって書かれたものもあれば、学習指導要領が想定している「未来の社会」や内閣府の「Society 5.0」のように、比較的影響力の強い脚本家によって書かれたものもある。そうしたなかで「社会的要請に応える」というのは、たとえて言うなら、多くの人々の間で〈力のあるシナリオ〉として共有されているものを前提にしたうえで、そこに描かれた特定の社会像に即して教育実践を行うことである。

社会的要請に応えることは、学校教育が果たすべき役割の一つであり、非常に重要である。実際、先進的事例とされる実践は、何らかの面で社会的要請に応えている。私たちが個別に調査させていただいた学校の取り組みや授業も、やはり「社会的要請に応えた教育実践」として見ることができるものばかりであった。本書で取り上げた事例でいえば、シティズンシップ教育、キャリア教育、社会に開かれた教育課程などに、それぞれ分類することができる。

しかし一方で、そうした取り組みを「社会的要請に応えた教育実践」とまとめてしまうことに、違和感もある。違和感の元は、社会的要請に**応えて**いるという受動性にある。ある実践が社会的要請に応えたものであるというとき、そこには別の誰かが語ったシナリオを前提にしている、というイメージがつきまとう。けれども、本書で取り上げたものを含め、私たちが取材させていただいた事例に共通しているのは、**自分（たち）で**今の社会を読み取り、変化を意味づけ、新しい社会像を描き、そこに**自分（たち）の**教育活動を位置づけている、ということである。

ここで重要なのは「自分（たち）で」「自分（たち）の」という主体性であり、学校や先生自身が徹底的に「語る主体」になっているということだ。シナリオのたとえで言えば、教育活動というドラマの演者でもあり、かつ、そのドラマのシナリオを自ら展開する脚本家にもなっているということである。たとえ、他者が語った力のあるシナリオを選択して、戦略的に社会的要請に応えている（ように見える）場合でも、よく見ると、そこに独自の演出を加えていることがわかってくる。いわば、別の誰かが語ったシナリオを語り直すという作業がなされているのである。そうした作業は、学校や教師の側に語り直しの視点が、つまり「自分（たち）自身の語り」がなければできないことだろう。

以上が、社会的要請に応えることと、社会的意義を語ることとは必ずしも同じではない、ということの意味である。

繰り返しになるが、社会的要請に応えることはきわめて重要なことである。学校の生き残りが重要な課題になっている現在、高校にとって、その重要性はより切実なものになっているだろう。しかし、社会的要請に応えることそれ自体を目的にすると、見えなくなるものがある。それは、何のために生き残りたいのかという視点である。「何のために」を自分の言葉で語れるかどうかが、社会的要請に応えること自体を目的にしている学校と、社会的意義を自ら語れる学校との分水嶺になるとも言える。「何のために」という視点を見失ったとき、社会的要請に応えるだけの高校は、社会という波に呑み込まれていく。それに対して、自分（たち）で社会的意義を語る高校は、その波を乗りこなすことができる学校である、と言えるだろう。

「今」からひらかれる未来

では、社会的意義を語ることは、どのように可能になるのか。

鍵となるのは、社会についての考え方である。社会的要請に応えること自体を目的としているとき、そこで念頭に置かれている社会は、私たちにとって所与の条件であり、適応することが求められるものとして考えられている。しかし、実際には、私たち自身が社会を意味づけ、不断につくりかえていくという側面もある。私たちは日々生活を送るなかで、他者と関係をとり結び、様々な課題に直面している。このことこそが、社会を意味づけ、つくりかえることの具体的なあり方であり、社会を生きるということに他ならないのである。私たちはそれぞれ異なる現実に向き合っている。社会は、そうした無数の現実から、構成されるのではないだろうか。

そうした意味で、高校も生徒もすでに社会を生きているし、それぞれの学校や生徒によって、向き合っている現実は異なるだろう。語る主体となっている学校や先生は、このことに自覚的であるように思われる。すでに社会的な存在である学校や生徒に、徹底的に向きあうこと——そのことによってはじめて、その学校、その先生にしか語れない社会が見えてくる。だからこそ、自分（たち）の教育活動の社会的意義を、自分（たち）で語ることができるのだろう。

そして、そこで語られる社会には、未来に向けた先生方の願いや希望が見て取れる。時として、深刻な現実や新しい社会についての厳しい予想が語られることもあるが、そのような場合においても、先生方の語りが向かう先は、未来において充実した生を送る生徒や地域の人々の姿であり、そうした生に寄り添う学校や教師の姿である。そこには、それぞれが生きる社会をよりよいものにしたいという思いがある。いずれにしても、自ら語る先生方は、学校や生徒の今に向き合うことからはじめ、そのうえで未来を描いている。具体的な言葉は違っていても、どの先生方も、自らの言葉で語るべき未来をもっているのだ。

このように、教師が目の前の生徒の今を見つめ、そこから生徒たちと一緒に未来を描いていく作業は、社会的要請によってだけでなく、生徒の今に応答しようとする教師の主体性に支えられている。私たちがここで主体性として捉えているのは、教師が本気で楽しんで学び続けているということであり、私たちは、そのことを教師自身が〈アクティブ・ラーナー〉であることとして捉えている。

先生方のお話を聞くなかで、先生方が、うれしい・楽しいばかりでなく、様々なしんどさを乗り越えてきたこと、実は今もしんどさのなかにいること、まだ見ぬしんどさを予感していることを垣間見ることがある。しかしたとえそうであっても、先生方が本当に楽しそうに、生徒のこと、学校のこと、授業のこと、他の先生方のこと、地域のことを語ってくれるとき、先生方に見えている未来は、漠然とした夢ではないことがわかる。それは、地に足のついた、生徒の今をベースとして描かれる「ビジョン」「ストーリー」「ロマン」――これらはすべて、先生方自身の語りのなかで実際に使われた言葉である――としての未来であり、それぞれの仕方・射程で捉えられた生徒の今への実直な応答の積み重ねによってひらかれる未来に他ならない。そして、そうした未来には、ふたつとして同じものはないのだ。

未来を語る高校

まとめよう。

アクティブラーニング・ブームとは、高校が制度上「接続する教育機関」であることを改めて浮き彫りにし、高校における学びの問い直しを内含した改革の動きであった。それは、教師の専門性とは何か、社会において学校が果たすべき役割とは何かという、より広く、深い問いへとつながっており、高校教育の本質に迫るものである。

アクティブラーニング・ブームを超えて生き残る高校は、学びの問い直しに取り組み続けていく高校である。それは、「自分（たち）の教育活動の社会的意義を、自分（たち）で語れる高校」であり、「自ら未来を語り、自ら未来を切りひらいていく高校」であると言えるだろう。他にも様々な言い方が可能かもしれない。しかし、本書ではあえて、「未来を語る高校」と表現したい。それは、未来の社会への希望の表現であり、教育は時間軸を意識せずには成り立たない営為であることを強調する表現である。

私たちは教育という営みにおいて、過去の積み重ねでもある今に向き合い、今への応答を積み重ねつつ、その先に未来を描きだしていく。このことは、見通しのきかない時代であっても変わらない。というよりも、むしろ見通しがきかない時代だからこそ、あえて「未来を語る」ことが一層求められているのではないだろうか。

とはいえ、こうした作業は、その試みが挑戦的である分、現実的には、骨の折れるものとなるだろう。そうしたしんどさのなかで、教師の主体性が十分に発揮されるためには、教師個々人の努力やる気だけではなく、学校における組織的なサポートが必要不可欠であることは言うまでもない。未来についての思いを重ね合わせ、そこに向けて歩みを進めていくためには、学校ぐるみでの〈対話〉が欠かせない。〈数字〉と〈事例〉によって実態を見える化することで、その共通の出発点が提供されるだろう。

本書では、〈数字〉と〈事例〉をもとに「今」を共有し、これからの高校教育について〈対話〉するという作業を、実際に行ってきたつもりである。

アクティブラーニングは、生徒の主体性だけでなく、教師の主体性も改めて議論の俎上にのせることとなった。なぜ、アクティブラーニングに取り組むのか？ 組織的にアクティブラーニングに着手することが効果的とされるが、そこで狙っている効果とは何か？ そもそも、何のために？

たとえ、アクティブラーニングというブームが過ぎ去っても、目の前の生徒の今に応答し、未来を語る教師の主体性は問われ続けるだろう。

新マナビラボ・プロジェクト宣言

今から4年前、2015年、東京大学大学総合教育研究センター教育課程・方法開発部門 中原淳研究室（2018年4月より立教大学経営学部に移籍）と日本教育研究イノベーションセンター（河合塾グループ）は、日本全国の高校で授業をなさっている先生方が、その授業をさらに「インタラクティブ」に、さらに「知的にわくわく」したものにするお手伝いをさせていただきたいと願い、本プロジェクトを立ち上げました。

2015年から2018年の3年間（第一期）は、当時、人口に膾炙《かいしゃ》していた「アクティブ・ラーニング」に焦点をあてたプロジェクトの推進がなされた時期でした（本書は、その成果をまとめた書籍の第三弾です）。

第一期のプロジェクトの目標は下記の通りです。

1. 日本全国の高校のアクティブラーニングの実態を「見える化」するべく、モニタリング調査を行わせていただくこと

2. アクティブラーニングの視点に立った高校の先進的な授業実践事例を収集し、多くの人々に知っていただく機会をつくりだすこと

3. それらをWeb、書籍、報告書などのメディアを用いて世に広く問い、アクティブ・ラーナーの育成に貢献すること

私たちは、これら3つの活動を3年間かけて行い、第一期のプロジェクトを2018年3月をもって終えました。

2018年4月からは、研究代表である中原が立教大学経営学部に籍を移し、新たな体制で、第二期のプロジェクトがスタートしています。

第二期のプロジェクトでは、「アクティブラーニング」や「探究」といった新たな教育を、学校が「組織ぐるみ」で生み出していく体制をつくること——すなわち「学校ぐるみの教育改善」が、今、高校教育に最も大切なことであるという認識に立ち、様々な実践的な研究を推進しています。「アクティブラーニング」や「探究」といった、先進的な教育事例を、教師個人の「属人的な取り組み」にせず、「学校ぐるみ」で推進していくこと、これが「学校ぐるみの教育改善」です。このような取り組みを通して、教育改善をいわば「点(個々の教師)」ではなく、むしろ「面(学校ぐるみの取り組み)」として立ち上げていくことが、「持続可能な教育改革」につながるのだと、私たちは信じています。

第二期のプロジェクトの目標として、私たちは、下記を掲げました。

1. 日本全国の高校の「学校ぐるみの教育改善(カリキュラム・マネジメントを含む)」の実態を「見える化」するべく、モニタリング調査を行わせていただくこと

2. 「学校ぐるみの教育改善」を支援する様々な手法を開発し、実際にいくつかの学校で実践研究を行わせていただくこと

3. 「学校ぐるみの教育改善」の先進的な授業実践事例を収集し、多くの人々に知っていただく機会をつくりだすこと

4. それらをWeb、書籍、報告書などのメディアを用いて世に広く問い、アクティブ・ラーナーの育成に貢献すること

このように、私たちの挑戦は、第一期・第二期と続いています。

期をまたぎ、その「目的」は若干修正が行われてきましたが、私たちはプロジェクトを進めるにあたり、当初から大切にしている価値観があります。これをこれまで「マナビラボ・プロジェクト宣言」と呼んできましたが、第二期を始めるにあたり、これを更新しました。

以下では、「新 マナビラボ・プロジェクト宣言」として、記しておきます。

私たちの1つ目の信念は、「アクティブラーニング」や「探究」、「カリキュラム・マネジメント」といった教育業界の流行語を、単純に「新しいもの」「新たに学校にアド・オンされるもの」とは「見なさない」という信念です。

活動を始めてから、高校の先生方にヒアリングなどもさせていただきましたが、強く感じたのは、刻一刻と変わる教育政策に翻弄される現場の姿でした。「アクティブラーニング」「探究」「カリキュラム・マネジメント」……現場には、様々な言葉が、今日も明日も、教育行政から「落とされています」。このようなプロセスを通して、多くの先生方が思っているのはひそかに、「確かに新しいけれど、今までだってあったよね」というものです。

私たちは、多くの心ある先生方がお取り組みになってきた「アクティブラーニング」「探究」「カリキュラム・マネジメント」を「再発見」し、多くの人々により知っていただくお手伝いをしたいと思っております。

私たちは、教育業界の流行語を「新しいもの」であるとは見なさないところから議論を進めます。それは心ある先生方が、これまでも追求してきたものであり、かつ、今後の社会を生き抜く人材にとって重要な学習機会であると考えます。

2つ目の信念は、「これからの学び」を考えるときの姿勢です。

これからの学びのあり方を議論する際には、教育機関だけを取り出して考えるのではなく、社会と教育機関とのつながりを考えて取り組むべきであると、私たちは信じています。

たとえば、高校を変えていかなければならないというのは、大学入試、その先の大学での教育、さらにその先の社会と、トータルに考えていく必要があります。そして、そこでの移行を円滑に進めていくということを目的にする必要があります。

つまり、高校を「ひとりぼっち」にしないということです。

私たちは、志ある高校の授業を、社会につなぐお手伝いをさせていただきます。社会の心ある人々は、教育現場で日々格闘なさっている先生方と、適切なかたちで出会い、願わくば協力をしたいと思っています。これまで、多くの教育運動は「教育の世界」の独自性を主張するあまり、「教育」と「教育以外」の世界の「境界」を強固にし、固定化してきました。私たちは、そうした視点を一切とりません。教育のあり方を、社会や仕事のあり方と接続して考えます。

3つ目の信念は、私たちは「見える化」にこだわるということです。

たとえば、教育制度の決め方がいわゆる審議会・協議会方式になっていることに代表されるように、教育改革談義・議論というのは、どうしても印象論・理念論で進んでしまっています。私は、今あるものが「見える化」していないのに、それを適切に「変えること」はできないと思います。

現場の人々が実態を把握したり、イメージできないものは「マネージ」できません。また、実態が把握できないものやイメージできないものは「達成」すら実感することはできません。なぜなら、「達成したかどうか」もわからないからです。

生産的な議論を起こしていくのは、数字であり事例です。私たちは、教育改革にまつわる、様々な数字や事例を「見える化」するお手伝いをします。私たちは、印象論や理念論で教育や学習を語りません。確かなエビデンスに基づき、物事を語る姿勢を持ちます。

4つ目の信念は、私たちは「リソースに配慮した議論をする」ということです。

これまでの多くの教育改革の議論は、それを実現するための人的リソース、フィナンシャルなリソースを「勘案」することや「動員」することを「なし」にして、進められてきたと私たちは思っています。政策担当者や研究者は、「よかれ」と思って、教育現場に必要なこと、これからの子どもに必要なことを高邁に論じます。しかし、その高邁な議論のなかに、それを実現するための人的リソース、フィナンシャルなリソースに関する言及は、これまであったでしょうか。残念ながら、私たちは、それが十分ではなかったと考えています。

その結果として引き起こされたのは、「多忙感に苛まれる現場の姿」です。さすがに、昨今の「働き方改革」の風潮のなかでは、それも限界に達したと感じ、長時間労働是正策が矢継ぎ早に行われています。しかし、リソースの議論を行わず「教育現場」に多くを期待する、という基本姿勢が変わっていないために、それも、あまりうまくはいっていません。

私たちは、調査のなかで、さまざまなリソースの議論にも言及していきます。またプロジェクトによっては、教育改革を進める一方で、教員の先生方の働き方を見直し、負担軽減に向けた努力を行います。

教育改革を進めるにあたって、現場では何に困っているのか。そのためには、どのようなリソースが必要なのかを考えながら、プロジェクトを為していきたいと願います。

最後の5つ目は、私たちは「対話の素材」を現場の先生方に提供したいということです。

「現場を変えうる力」を持っているのは、私たちではありません。現場を本当に変えうる力を持っていらっしゃるのは、日々現場に立っておられる先生方の献身的な努力です。しかし、これまでの教育運動は、現場で日々相対している人々を「エンパワーメント」するどころか、意欲を減退する方向で行われてきました。

私たちは「無力」です。

私たちに為しえるのは、現場の改善や日々の実践に邁進しておられる先生方が、日々の実践を振り返ったり、新たな物事を構想していくときに必要になる対話の素材を提供することです。

新マナビラボ・プロジェクト宣言は、以上の5つです。

私たちの活動が、この国の学校の教育改善に、微力ながら貢献できることを願っています。

マナビラボ・プロジェクトを代表して　中原　淳

（立教大学　経営学部　教授）

Learning is fun!

おわりに

マナビラボ・プロジェクトが発足して4年。「ひとはもともとアクティブ・ラーナー！」というコンセプトのもと、高校生の生き生きとした学びを生み出す実践を「見える化」することを目的に、全国津々浦々、いろいろな高校に伺ってきました。本書で取り上げた実践は、そのなかのほんの一部にすぎません。多くの学校や先生方にご協力いただいたこと、この場を借りて改めて感謝を申し上げます。

取材させていただいた授業は様々でしたが、どれもそれぞれに魅力的なものばかりでした。取材に伺うたび、毎回新しい発見がありました。授業は常に一度きり。その一度きりの授業に、先生方がどれほどの思いと準備をもって臨まれているのか、私たちはヒアリングを通じて、その一端を知ることができました。

私たちは、実際に高校での実践を目の当たりにするたびに、「高校の現場から得た学びを、再び高校の現場にお返ししたい」という思いを強くしてきました。そして、その思いのもとで、私たちは深く結びつけられたように思います。

私たちは、アクティブラーニングを専門にしているわけではありません。人材開発・組織開発、教師教育、学校経営、教育哲学、教育史、教育工学、教育評価、キャリア教育など、実に多様な領域で研究している人が集まっています。また、その研究手法も統計や文献研究、アクションリサーチなど多岐に渡ります。「学際的アプローチ」の重要性が言われて久しいですが、私たちは学際的であることの難しさも体感してきました。そのようななかでも、互いの立場の違いを越えて楽しく議論を積み重ねてこられたのは、取材を通じて出会った多くの授業や先生方の思いが共通の出発点となり、私たちに「対話」をひらいてくれたからだと思います。

若手研究者の私たちにとって、このような経験を積めたということは、とても貴重な出来事でした。この本をまとめるなかで、私たちはそれぞれの研究を続けるうちに身につけた（こびりついてしまった）自らの「語り」を自覚せざるをえませんでした。そして、私たちの「語り」がどのような「未来」をひらくものであるのか、その「社会的意義」とは何か、深く考えさせられました。第Ⅳ部最後の先生方への問題提起は、自分たち自身にそのまま向けられるものだと痛切に思っています。

本書はマナビラボ・プロジェクトのこれまでを総括する内容になっていま

すが、プロジェクト自体は今後も続いていきます。これからも、どうぞよろしくお願いいたします。

最後に、志に賛同し、本書を一緒に作り上げてくださったみなさまに、心から感謝を申し上げます。

取材・鼎談にご協力くださった、安彦忠彦先生、田中義郎先生、溝上慎一先生、竹田昌弘先生、岩佐峰之先生、重松洋先生、大畑方人先生、殿垣哲也先生、宮崎芳史先生、お忙しいなか、ありがとうございました。

さらに、「高等学校におけるアクティブラーニングの視点に立った参加型授業に関する実態調査２０１５」「高等学校におけるアクティブラーニングの視点に立った参加型授業に関する実態調査２０１６」「高等学校におけるアクティブラーニングの視点に立った参加型授業に関する実態調査２０１７」にご協力くださった、全国ののべ約5万人の先生方、日本の高校の学びの実態を把握するうえでの貴重なデータを得ることができました。心より感謝申し上げます。

一般財団法人日本教育研究イノベーションセンター（ＪＣＥＲＩ）の信實秀則さま、真嶋智さま、高井靖雄さま、木山さゆりさま、木村充さま。学校法人河合塾の伊藤寛之さま、赤塚和繁さま、石鍋京子さま、片山まゆみさま。プロジェクトへのご協力、感謝申し上げます。

制作でご協力いただいた、カメラマンの松尾駿さま、イラストレーターの加納徳博さま、書籍をデザインしてくださった三宅由莉さま。おかげさまで、先生方にお届けする一冊を仕上げることができました。

そして、学事出版編集者　二井豪さま。本企画にご賛同いただき、サポートしていただきまして、ありがとうございました。

２０１９年５月
新緑あふれるキャンパスの片隅から

編著者　村松　灯
渡邉　優子

●執筆者

田中　智輝　立教大学助教
（第Ⅲ部第２章【鼎談】、第Ⅲ部を読み解くための９キーワード）

町支　大祐　立教大学助教
（第Ⅲ部第１章【事例】）

●執筆協力

山辺　恵理子　都留文科大学講師

木村　充　日本教育研究イノベーションセンター特任研究員

裴　麗瑩　筑波大学研究員

伊勢坊　綾　東京大学大学院特任助教

吉村　春美　立教大学教育研究コーディネーター

高崎　美佐　立教大学教育研究コーディネーター

小山田　建太　筑波大学大学院生

●編集協力

一般財団法人 日本教育研究イノベーションセンター（JCERI）
（第Ⅲ部第１章【鼎談】執筆）
2014年２月に設立された河合塾グループの研究開発機関。人々が生涯を通じて学び続けることを支援することを目的に、革新的な精神を持って、教育に関する調査・研究・開発を行っている。
事務局（学校法人 河合塾 教育イノベーション本部 教育研究部内）：
03-6811-5569
http://jceri.kawaijuku.jp

※所属等は2019年３月時のものです。

●編著者

村松　灯（むらまつ・とも）

（第Ⅱ部、第Ⅲ部第２章【事例】、第Ⅳ部）

立教大学教育研究コーディネーター

早稲田大学教育学部卒業。東京大学大学院教育学研究科修士課程修了、同博士課程単位取得満期退学。博士課程在学中に日本学術振興会特別研究員（DC2）。東京大学特任研究員を経て、2018年４月より現職。専門は教育哲学。

渡邉　優子（わたなべ・ゆうこ）

（第Ⅰ部、第Ⅲ部第２章【事例】、第Ⅳ部）

立教大学教育研究コーディネーター

東京学芸大学教育学部卒業。東京学芸大学大学院教育学研究科修士課程修了。東京大学大学院教育学研究科博士課程単位取得満期退学。同博士課程在学中に日本学術振興会特別研究員（DC2）。東京大学特任研究員を経て、2018年４月より現職。専門は教育思想史。

●監修者

中原　淳（なかはら・じゅん）

立教大学経営学部教授

大阪大学博士（人間科学）。1975年、北海道旭川市生まれ。東京大学卒業、大阪大学大学院修了、メディア教育開発センター助手（現・放送大学）、米国・マサチューセッツ工科大学客員研究員、東京大学准教授を経て、2018年４月より現職。専門は人的開発・組織開発。

「未来を語る高校」が生き残る
―アクティブラーニング・ブームのその先へ

2019年6月14日　初版発行

編著者　村松　灯・渡邉　優子
監修者　中原　淳
編集協力　一般財団法人日本教育研究イノベーションセンター（JCERI）
発行人　安部　英行
発行所　学事出版株式会社
〒101-0021
東京都千代田区外神田2-2-3
電話　03-3255-5471
HPアドレス　http://www.gakuji.co.jp/

編集担当　二井　豪
デザイン　三宅　由莉
イラスト　加納　徳博
印刷・製本　電算印刷株式会社

ISBN 978-4-7619-2544-4　　C3037　　Printed in Japan